Contents

Chapter 1   TOOLS & MATERIALS   道具と材料

TOOLS 道具 ··· 6
MATERIALS 材料 ··· 8

Chapter 2   BASIC TECHNIQUES   基本テクニック

Lesson 1　石座の留め方・丸カン
　　　　　SWAROVSKI & TRIANGLE EARRINGS　スワロフスキーと三角ピアス ·· 12
Lesson 2　接着
　　　　　CABOCHON & COTTON PEARL BACK CATCH EARRINGS　カボションとコットンパールのバックキャッチピアス ··· 14
Lesson 3　9ピン・Tピン
　　　　　COTTON PEARL & DROP CUT GLASS EARRINGS　コットンパールとシズクカットガラスのピアス ············ 16
Lesson 4　エンドパーツ・留め金具
　　　　　COTTON PEARL GRADATION NECKLACE　コットンパールのグラデーションネックレス ······················ 18
Lesson 5　めがね留め
　　　　　GREEN FLUORITE SWAYING EARRINGS　グリーンフローライトのゆらゆらピアス ·························· 20

Chapter 3   COTTON PEARL ACCESSORIES   コットンパールのアクセサリー

No.1　FRAME DESIGN EARRINGS　フレームデザインピアス ·· 24
No.2　STARDUST EARRINGS　スターダストピアス ·· 26
No.3　WOOD BEADS STATEMENT EARRINGS　ウッドビーズのステートメントピアス ································ 28
No.4　COTTON PEARL BUBBLE WRAP EARRINGS　コットンパールのプチプチピアス ······························· 30
No.5　CONNECTION EARRINGS　コネクションピアス ·· 32
No.6　DROP NON-HOLE EARRINGS　ドロップノンホールピアス ··· 34
No.7　2TONE RING EARRINGS　2トーンリングピアス ·· 36
No.8　RING MOTIF EARRINGS　リングモチーフピアス ·· 38
No.9　SWAROVSKI & CHAIN TASSEL DESIGN EARRINGS　スワロフスキーとチェーンタッセルのデザインピアス ···· 40
No.10　SWAROVSKI & FRAME PARTS BRACELET　スワロフスキーとフレームパーツのブレスレット ··············· 42
No.11　2TONE CAP BRACELET　2トーンキャップブレスレット ··· 44

No.12 JOINT EARRINGS　ジョイントピアス	46
No.13 BUBBLE EARRINGS　バブルピアス	48
No.14 SQUARE FRAME NECKLACE　スクエアフレームネックレス	50
No.15 DROP NECKLACE　ドロップネックレス	52
No.16 SUPPLE LONG NECKLACE OF CHAIN　チェーンのしなやかロングネックレス	53
No.17 POINT NECKLACE　ポイントネックレス	58
No.18 VOLUME NECKLACE　ボリュームネックレス	60
No.19 RIBBON TACK PIN　リボンタックピン	61
No.20 FAN EARRINGS　扇のピアス	66
No.21 DESIGN HOOP EARRINGS　デザインフープピアス	67
No.22 TRIANGLE EARRINGS　トライアングルイヤリング	72
No.23 SWAROVSKI'S BIJOU EARRINGS　スワロフスキーのビジューピアス	74
Handling of RESIN　レジンの取り扱い	76
How to choose BONDING AGENT　接着剤の選び方	76

Chapter 4　　TASSEL'S BASIC TECHNIQUES　タッセルの基本テクニック

TASSEL BOARD　タッセルボード	78
YARN TYPE　タッセルの素材	79
Lesson 6	
EASY NECK TASSEL　イージーネックタッセル	80
Lesson 7	
STANDARD NECK TASSEL　スタンダードネックタッセル	82
Lesson 8	
WIRE NECK TASSEL　ワイヤーネックタッセル	84
The world of EMBROIDERY YARN　刺繍糸の世界	85
DMC LIGHT EFFECTS　ライトエフェクト／DMC COLOR VARIATIONS　カラーバリエーション	
Q & A　糸や紐のクセを取る方法	86

Chapter 5　TASSEL ACCESSORIES　タッセルのアクセサリー

No.24　CUT GLASS & PIPE TASSEL EARRINGS　カットガラスとパイプのタッセルピアス　88
No.25　LONG HEAD TASSEL EARRINGS　ロングヘッドのタッセルピアス　90
No.26　TRIANGLE LEATHER & LONG NECK TASSEL EARRINGS　三角レザーのロングネックタッセルピアス　92
No.27　SMOOTH TASSEL EARRINGS　さらさらタッセルピアス　94
No.28　BEADS & MINI TASSEL'S LONG EARRINGS　ビーズとミニタッセルのロングピアス　96
No.29　GIMA TASSEL EARRINGS　GIMAタッセルピアス　98
No.30　2TONE TASSEL EARRINGS　2トーンタッセルピアス　100
No.31　DIVIDED TASSEL EARRINGS　ディバイドタッセルピアス　101
No.32　SILK RIBBON EARRINGS　バイアスシルクリボンのピアス　106
No.33　BACK TASSEL NON-HOLE EARRINGS　バックタッセルのノンホールピアス　108
No.34　BEADS TASSEL EARRINGS　ビーズタッセルピアス　110
No.35　TORTOISESHELL & TASSEL NON-HOLE EARRINGS　べっこうタッセルのノンホールピアス　112
No.36　MINI TASSEL EARRINGS　ミニタッセルピアス　114
No.37　MIX COLOR SUEDE EARRINGS　ミックスカラーのスエードピアス　116
No.38　FRINGE HOOP EARRINGS　フリンジフープピアス　118
No.39　FLOWER FRINGE EARRINGS　フラワーフリンジピアス　120
No.40　ASYMMETRIC HOOP EARRINGS　アシンメトリーフープピアス　122
No.41　SQUARE CABOCHON TASSEL EARRINGS　スクエアカボションのタッセルイヤリング　124
No.42　FRINGE BACKCATCH BUTTON EARRINGS　フリンジバックキャッチのボタンピアス　126
No.43　FRINGE NECKLACE　フリンジネックレス　128
No.44　2TONE SUEDE TASSEL NECKLACE　2トーンスエードタッセルのネックレス　130
No.45　METAL RING SUEDE NECKLACE　メタルリングのスエードネックレス　132
No.46　LARIAT STYLE NECKLACE OF CHAIN　チェーンのラリエット風ネックレス　134
No.47　SIMPLE LARIAT　シンプルラリエット　136
No.48　T-SHIRT YARN KEYCHAIN　Tシャツヤーンのキーホルダー　138
No.49　PIPE & TASSEL BRACELET　パイプタッセルブレスレット　140
No.50　FIVE-STRAND SUEDE BRACELET　5連スエードブレスレット　142
No.51　THREE-STRAND RUBBER BRACELET　3連ゴムブレスレット　145

Index　149

Special Thanks　151

Chapter 1

TOOLS & MATERIALS

道具と材料

アクセサリー作りに必要な道具と材料を紹介します。

TOOLS

pliers & nipper

1
平ヤットコ
先端が平たい。つかむ・つぶすときに使う

2
丸ヤットコ
先端が丸い。ピンやワイヤーを丸めるときに使う。平ヤットコとセットで丸カンを閉じるなど、つかむときに使うこともある

3
ニッパー
ワイヤーやピンをカットするときに使う

bonbing agent

4
接着剤
（クリアタイプ）
コットンパールやストーン、金具を接着するときに使う。多用途に使用できるタイプが便利

5
瞬間接着剤
はみ出すと白っぽく変色することがあるが、硬化時間が短いため、カツラなど接着面が見えない箇所に使う

6
ハンドドリル
ビーズのホールを拡大したり、バリを取るときに使う

7
目打ち
穴をあけるための道具。コットンパールのホールを拡大したり、チェーンのコマを広げるときに使う

8
つまようじ
接着剤を少量塗る際や、レジン液を広げるときに使う

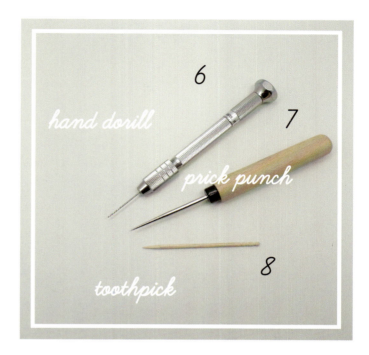

9
メジャー/定規
長さを測る

10
ピンセット
細かい材料をつかむ

11
ハサミ
タッセルの糸先をキレイに切りそろえるために切れ味のいいものを用意する

12
クシ
糸をまとめたり整えたりするときに使う

MATERIALS

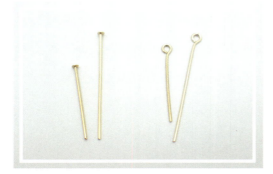

ピン類
ビーズを通し、先端を丸めて使用する

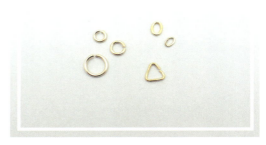

カン類
パーツを繋ぐときに使う。繊細なアクセサリーには、外れにくいCカンがオススメ

留め金具
ネックレスやブレスレットなどの端の処理で使う。様々なデザインがあるので、アクセントに使用してもOK

エンドパーツ
ナイロンコートワイヤーやテグス、コードなどの端の処理に使う

ピアス&イヤリング金具
様々なデザインがあるので、作品イメージにあわせて選ぶことができる。低アレルギー素材の金具や、耳への負担が少ない金具も増えている

ワイヤー&テグス類
ビーズを通したり、モチーフを編むときに使う。ワイヤーは形状を変えTピンや9ピンのように使用できる。作品にあわせ、色やサイズ（太さ）を選ぶ

パール
光沢が美しくとても軽いコットンパール、形状・カラーが豊かな樹脂パールなど、様々な種類がある

ビーズ
デザインやカラーが豊富。ビーズを組みあわせることで、ひとつだけのオリジナルアクセサリーに

パーツ
作品のアクセントに。メタル系のパーツを取り入れると、甘くなりすぎず大人の仕上がりに

チェーン
細さや輪の大きさも様々。デザインチェーンはパーツとしても使用できる

糸
タッセルを作るときに使う。カラーバリエーションが豊富で、様々な素材の糸がある。素材によって風合いが異なるため、作品のイメージにあわせて選ぶといい

コード&リボン
そのままの素材を活かしてアクセサリーに

ENJOY
HANDMADE

Chapter 2
BASIC TECHNIQUES

基本テクニック

アクセサリー作りで必要な基本テクニックを使ったレシピを紹介します。

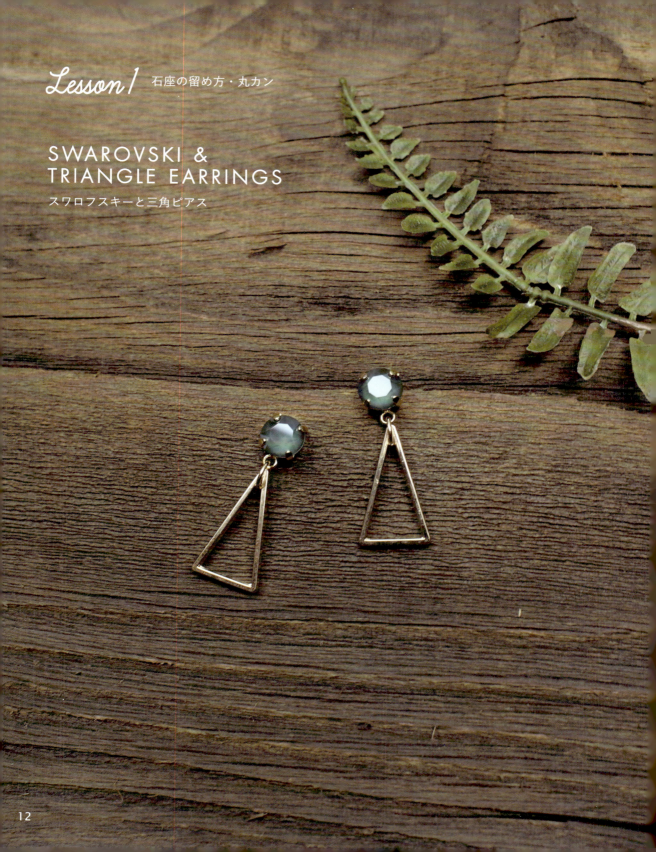

Lesson 1 石座の留め方・丸カン

SWAROVSKI & TRIANGLE EARRINGS
スワロフスキーと三角ピアス

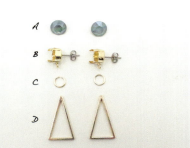

A：スワロフスキー♯1088　SS39（ロイヤルグリーン）…2個
B：ピアス　チタン石座付き　ラウンド8㎜用ゴールド …2個
C：丸カン　0.8×6㎜ゴールド …2個
D：フレームパーツ　三角　13×23㎜ゴールド …2個

・平ヤットコ

How to

石座

1　ビジューを水平に石座へのせる

2　石座についているツメを、順番に平ヤットコで押さえて倒す（最初に倒したツメと対角にある位置を倒す）

丸カン

3　ヤットコ2本で丸カンを挟む

4　ヤットコを前後に倒しカンを開く

NG!
このようにカンを開いてしまうと、カンをきれいに閉じられない

5　パーツが入る大きさまで開く

6　石座のカンとフレームパーツを丸カンに通す

7　5と同様にヤットコを前後に動かしてカンを閉じる

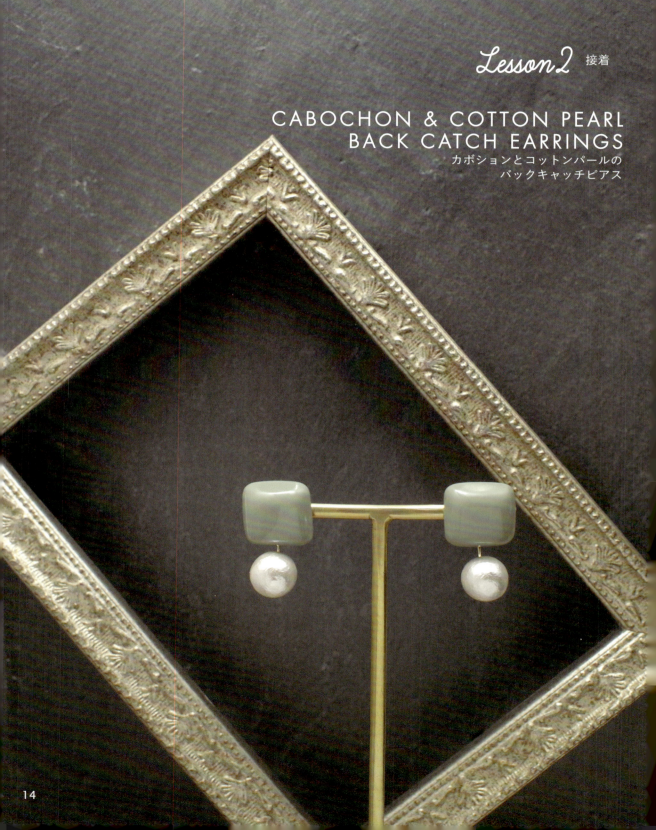

Lesson 2 接着

CABOCHON & COTTON PEARL BACK CATCH EARRINGS

カボションとコットンパールの
バックキャッチピアス

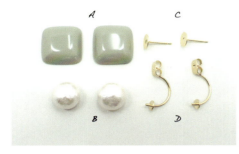

A：アクリル　貼付スクエア　16×16mm JD…2個
B：コットンパール片穴　10mmホワイト　…2個
C：ピアス　丸皿　6mmゴールド　…2個
D：ピアスキャッチ　芯立付　ゴールド　…2個

・接着剤（クリアタイプ）
・つまようじ

How to

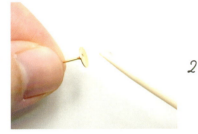

1 ピアス金具の丸皿全体に接着剤を薄くつける。つまようじなどを使用し接着剤の量を調整するといい

2 パーツの中心にしっかりと貼りつけ、乾燥させる

3 芯立部分、おわん部分全体に接着剤を薄くつける

4 コットンパール片穴を貼りつけ、乾燥させる

Point

瞬間接着剤を使用するとはみ出した接着剤が白っぽく曇ってしまうことがあるため、クリアタイプの接着剤がおすすめ

Lesson 3 9ピン・Tピン

COTTON PEARL & DROP CUT GLASS EARRINGS
コットンパールと
シズクカットガラスのピアス

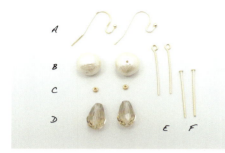

A：ピアス　U字　ゴールド‥2個
B：コットンパール両穴　10mmキスカ…2個
C：丸小ビーズ　イエローゴールド…2個
D：ガラスビーズ　シズクカット　12×8mmライトゴールド…2個
E：9ピン　0.7×20mmゴールド…2本
F：Tピン　0.7×20mmゴールド…2本

・平ヤットコ　・丸ヤットコ　・ニッパー

How to

1　9ピンにコットンパールを通し、ピンを根元から折り曲げる

2　ピンを7mmほど残しニッパーでカットする

3　丸ヤットコでピンの先端をつかみ、手首を回すようにしてピンを丸める

4　パールの根元までピンを丸める

5　もともとついていたカンと逆向きになるようにピンを丸める。カンが上下同じ角度になるように仕上げる

6　Tピンにガラスビーズと丸小ビーズを通す。ピンの根元をヤットコで折り曲げ、7mmほど残してカットする

7　3と同様にピンの先端を丸ヤットコでつかみ、手首を回すようにしてビーズの根元までピンを丸める

8　ガラスビーズのカンを開き、コットンパールのパーツを通し、カンを閉じる

9　ピアス金具にパーツを通し、ピアスのカンを閉じたら完成

Lesson 4 エンドパーツ・留め金具

COTTON PEARL GRADATION NECKLACE
コットンパールのグラデーションネックレス

コットンパール両穴　A：8mmキスカ…20個　　B：10mmキスカ…10個
　　　　　　　　　　C：12mmキスカ…10個　　D：14mmキスカ…5個
E：ナイロンコートワイヤー　0.38mmゴールド…約55cm
F：アジャスター　ゴールド…1本
G：カニカン　12×6mmゴールド…1個
H：丸カン　0.7×4mmゴールド…2個
I：つぶし玉　2mmゴールド…2個
J：ボールチップ　ゴールド…2個

・平ヤットコ　・丸ヤットコ　・ニッパー　・テープ

How to

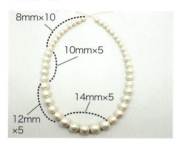

1 パールが抜けないように、ワイヤーの片端にテープを貼る。ワイヤーにコットンパールを通す

2 パールをすべて通したらボールチップ、つぶし玉の順にワイヤーに通す。ボールチップは開いているほうを先端へ向ける

3 平ヤットコでつぶし玉をつかみ、しっかりと潰す。潰しが甘いとワイヤーから外れてしまうので、きちんと留まっているか確認する

4 ワイヤーをUターンさせボールチップ、コットンパール2〜3個分戻し通し、余分なワイヤーをニッパーでカットする

5 ボールチップを平ヤットコでつかみ、つぶし玉がはみ出さないように、ボールチップを閉じる

6 ボールチップのフックの先を丸ヤットコでつかみ、根元へ丸める

7 反対側のテープを外し、ボールチップとつぶし玉を通す。パールの隙間が空かないように、ワイヤーを引き締めながらつぶし玉を平ヤットコで潰す

8 しっかり留まっているか確認し、ワイヤーをUターンさせボールチップ、コットンパール2〜3個分戻し通し、余分なワイヤーをカットする。平ヤットコでボールチップを閉じる

9 カニカンとアジャスターをボールチップのフックに丸カンで繋いで完成（P13参照）

Lesson 5 めがね留め

GREEN FLUORITE SWAYING EARRINGS
グリーンフローライトのゆらゆらピアス

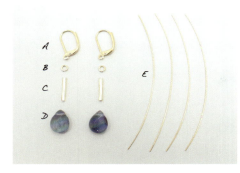

A：ピアス　フレンチフック　ゴールド …2個
B：丸カン　0.7×3.5mmゴールド …2個
C：MIYUKIツイストビーズ　2.0×12mm金茶銀引 …2個
D：グリーンフローライト　マロンカット11×9mm …2個
E：アーティスティックワイヤー
　　　＃26ノンターニッシュプラス …約8cm×4本

・ヤットコ　・丸ヤットコ　・ニッパー

How to

トップホールのめがね留め

1 ワイヤーをビーズに通し、ワイヤーを指で曲げる。ワイヤーの片方はあとで曲げるので長くとっておく

2 ワイヤーが交差する部分をヤットコで押さえる

3 ワイヤーの根元を2〜3回ねじる。ヤットコで押さえたままビーズを回転させると、均等にねじることができる

4 ねじったワイヤー上部の短いほうのワイヤーをニッパーでカットする

5 丸ヤットコにワイヤーを巻きつけ、輪を作る。このとき、ワイヤーをねじった部分の先端に輪ができるようにする

6 ワイヤーの輪を丸ヤットコで押さえたまま、残ったワイヤーをねじったワイヤーに巻きつけていく

7 余分なワイヤーをニッパーでカットし、飛び出したワイヤーを平ヤットコで挟んでなじませる

次頁へつづく

Chapter 2　基本テクニック

縦穴のめがね留め

8 ワイヤー3cmほどのところを平ヤットコで挟み倒す

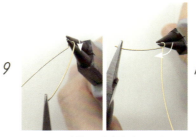

9 ワイヤーの折り目上部を丸ヤットコで押さえ、ワイヤーを巻きつけて輪を作る

10 輪を丸ヤットコで押さえたまま、短いほうのワイヤーを長いほうのワイヤーに3回ほど巻きつける

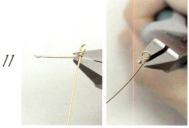

11 余分なワイヤーをニッパーでカットし、飛び出したワイヤーを平ヤットコで挟んでなじませる

12 ワイヤーにツイストビーズを通し、2mmほど隙間を空けてワイヤーを平ヤットコで挟み倒す。9の手順同様に輪を作り、7で完成したパーツを輪に通す

13 10〜11同様、ワイヤーを3回ほど巻きつけ、余分なワイヤーを処理する。
Point 丸ヤットコで輪を押さえにくい場合は、平ペンチで輪を押さえてワイヤーを巻いていくといい

14 ワイヤーの輪の向きが対称になるように平ヤットコで向きを整える

15 フレンチフックのカンと、ワイヤーの輪を丸カンで連結させて完成(P13参照)

> *Point*
>
> ワイヤーがやわらかい場合は巻きつけるワイヤーを平ヤットコで挟まず、指で巻いてもOK。やりやすい方法を見つけましょう。
>
> 慣れるまでは難しいですが、ピン先を丸めるだけの処理をしたものに比べ強度が上がり、繊細なアクセサリーを表現することができます。

Chapter 3
COTTON PEARL ACCESSORIES

コットンパールのアクセサリー

どんなスタイルにもあわせやすいコットンパール。
上品な光沢と着けていることを忘れてしまうほどの軽さが魅力です。

No.1
FRAME DESIGN EARRINGS
フレームデザインピアス

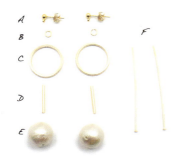

A：ピアス　カン付き　ゴールド …2個
B：丸カン　0.7×4mmゴールド …2個
C：フレームパーツ　丸　18mmゴールド …2個
D：直パイプ　1.0×15mmゴールド …2本
E：コットンパール両穴　12mmキスカ …2個
F：Tピン　0.7×45mmゴールド …2本

・平ヤットコ　・丸ヤットコ　・ニッパー

How to

1 Tピンにコットンパールと直パイプを通す。平ヤットコでピンを折り曲げ、10mmほどピンを残しニッパーでカットする

2 ピン先を丸ヤットコで挟み、ヤットコの丸みに沿わせて手首を回転させ、ピンを丸める（P17参照）

3 平ヤットコでカンを前後に動かし開く

4 開いたカンにフレームパーツを通し、カンを閉じる

5 ヤットコ2本で丸カンを開き、ピアス金具とフレームパーツを通してカンを閉じる（P13参照）

Arrange

・ノンホールピアス樹脂　カン付き　ゴールド…2個
・丸カン　0.7×4mmゴールド…2個
・フレームパーツ　丸　18mmゴールド…2個
・直パイプ　1.0×15mmゴールド…2本
・アクリルビーズ　丸　14mmダークレッド…2個
・Tピン　0.7×45mmゴールド…2本

No. 2
STARDUST EARRINGS
スターダストピアス

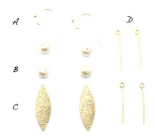

A：ピアス　U字　ゴールド　…2個
B：コットンパール両穴　6mmキスカ　…4個
C：スターダスト　リーフ1穴　25×8mmゴールド　…2個
D：9ピン　0.7×20mmゴールド　…4本

・平ヤットコ　・丸ヤットコ　・ニッパー

How to

1 9ピンにコットンパールを通す。平ヤットコでピンを折り曲げ、7mmほどピンを残しニッパーでカットする

2 ピン先を丸ヤットコで挟み、ヤットコの丸みに沿わせて手首を回転させ、ピンを丸める（P17参照）

3 平ヤットコでカンを前後に動かして開き、コットンパールのパーツを通してカンを閉じる

4 スターダストリーフを3同様に繋ぐ

5 ピンの歪みがあれば平ヤットコで角度を直す

6 ピアスにパーツを通し、平ヤットコでカンを閉じる

Arrange

・イヤリング　ネジバネ玉ブラ　4mmゴールド…2個
・ファイヤーポリッシュ　6mmジェット…4個
・スターダスト　リーフ1穴　25×8mmゴールド…2個
・9ピン　0.7×20mmゴールド…4本

Chapter 3　コットンパールのアクセサリー

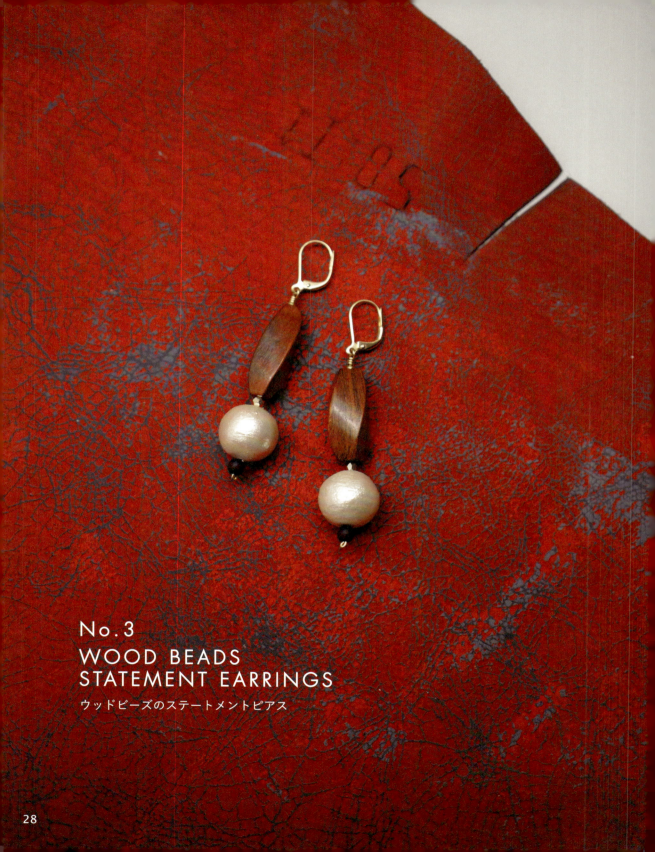

No.3
WOOD BEADS
STATEMENT EARRINGS
ウッドビーズのステートメントピアス

A：ピアス　フレンチフック　ゴールド…2個
B：丸小ビーズ　イエローゴールド…2個
C：ウッドビーズ　ナツメ　25×10mmバイヨンウッド…2個
D：ファイヤーポリッシュ　3mmゴールド…2個
E：コットンパール両穴　14mmキスカ…2個
F：樹脂ケシパール　4mmブラック…2個
G：アーティスティックワイヤー
　　#22ノンターニッシュブラス…約9cm×2本

・平ヤットコ　・丸ヤットコ　・ニッパー

How to

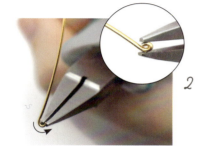

1 ワイヤーの先端を平ヤットコで折り曲げ、ビーズが抜けないようにストッパーを作る

2 1のワイヤーにB〜Fのビーズを通し、B丸小ビーズから2mmほど隙間を空けてワイヤーを平ヤットコで折り曲げる

3 丸ヤットコにワイヤーを巻きつけ、輪を作る（P22参照）

4 丸ヤットコで輪を押さえたまま残りのワイヤーを平ヤットコで挟み、中心のワイヤーに巻きつけていく

5 余分なワイヤーをニッパーでカットし、平ヤットコで飛び出したワイヤーをなじませる

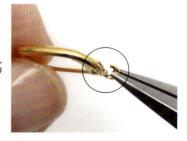

6 フレンチフックピアスのカンを平ヤットコで前後に動かし開く。パーツを通し、カンを閉じる

Point
フレンチフックの扱い方
大きくカンを開きすぎるとフレンチフックのカンが破損してしまう場合があるので注意

No.4
COTTON PEARL
BUBBLE WRAP EARRINGS
コットンパールのプチプチピアス

A：丸小ビーズ　イエローゴールド　…22個
B：樹脂パール　4mmクリーム　…8個
C：コットンパール両穴　10mmキスカ　…2個
D：ピアス　芯立　5mmゴールド　…2個
E：カラーワイヤー　0.3mmゴールド　…約9cm×2本

・接着剤　・目打ち　・平ヤットコ　・ニッパー

How to

1　ワイヤーにCコットンパール1個、A丸小ビーズ1個、B樹脂パール4個、A丸小ビーズ1個の順に通す。パーツが抜けないよう、ワイヤーを少し折っておく

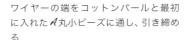

2　ワイヤーの端をコットンパールと最初に入れたA丸小ビーズに通し、引き締める

3　引き出したワイヤーにA丸小ビーズ9個を通し、反対側の丸小ビーズにワイヤーを通す

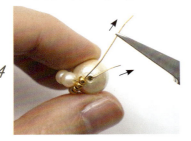

4　平ヤットコで始めと終わりのワイヤーを引き締める

5　ワイヤーの根元5mmほどを残して平ヤットコでつかみ、ワイヤーをねじる

6　ねじったワイヤーの根元から2mmほど残したところをニッパーでカットする

7　飛び出したワイヤーは、平ヤットコでコットンパールの穴に隠す

8　コットンパール裏側の中央に目打ちで穴をあける。もともとあいていた穴と垂直になるように目打ちを刺すと仕上がりがキレイ

9　ピアス金具に接着剤を塗り、8であけた穴に差し込み固定する（P15参照）

A：コットンパール片穴　10mmキスカ …2個
B：直パイプ　1.0×15mmゴールド …2本
C：コットンパール両穴　6mmホワイト …2個
D：コットンパール両穴　8mmキスカ …2個
E：ピアス　芯立　5mmゴールド …2個
F：Tピン　0.7×35mmゴールド …2本

・接着剤　・ニッパー　・目打ち　・つまようじ

How to

上パーツ

1 ピアスの芯立とおわん部分に接着剤を塗り、Aコットンパール片穴を接着する（P15参照）

2 ピアスのピンと直角になるように、目打ちをAコットンパールにまっすぐに刺し、4mmほどの深さの穴をあける

下パーツ

3 図のように直パイプとコットンパールをTピンに通し、上部のピンを3mmほど残しニッパーでカットする

結合

4 2であけた上パーツの穴に接着剤を塗る

5 3で作った下パーツをそれぞれ4の上パーツに差し込み、接着する。隙間ができないようにTピンの下部を押さえ、コットンパールの穴にしっかりと差し込む。乾燥させて完成

Point

はみ出した接着剤が多い場合は、つまようじなどで余分な接着剤を少しずつ取り除く。接着剤が伸びて広がらないように注意。

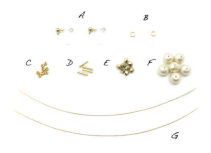

- A：ノンホールピアス樹脂　カン付き　ゴールド …2個
- B：丸カン　0.7×3.5mmゴールド …2個
- C：丸小ビーズ　イエローゴールド …8個
- D：竹ビーズ　二分竹（6mm）　金茶銀引 …4個
- E：ファイヤーポリッシュ　3mmゴールド …8個
- F：コットンパール両穴　6mmキスカ …6個
- G：アーティスティックワイヤー
  　＃24ノンターニッシュブラス …約11cm×2本

・平ヤットコ　・丸ヤットコ　・ニッパー

How to

1

図のようにビーズをワイヤーに通し、ワイヤーをシズクの形に曲げる。ワイヤーの片方はあとで曲げるので長くとっておく

2

丸小ビーズから2mmほど上でワイヤーを交差させ、平ヤットコでしっかりと挟み、2〜3回ねじる

3

ねじったワイヤーの短いほうをニッパーでカットする

4

丸ヤットコにワイヤーを巻きつけ輪を作る。輪を押さえたまま残りのワイヤーを平ヤットコで挟み、ねじったワイヤーに巻きつけていく（P21参照）

5

余分なワイヤーをニッパーでカットし、飛び出したワイヤーを平ヤットコでなじませる

6

指でシズクの形状を整える

7

丸カンで、シズクの輪とノンホールピアスのカンを繋ぐ（P13参照）

No.7
2TONE RING EARRINGS
2トーンリングピアス

A：コットンパール両穴　6mmホワイト …10個
B：国産アクリル（ユリア樹脂）パール　6mm銀メッキ …6個
C：ピアス　U字　ロジウム …2個
D：アーティスティックワイヤー
　　#24ティンカッパー …約11cm×2本

・平ヤットコ　・丸ヤットコ　・ニッパー

How to

1

ワイヤーにアクリル樹脂パール3個、コットンパール5個を図のように左右対称に通し、ワイヤーをリング状に曲げる。ワイヤーの片方を長くとっておく

2

パールの上部2～3mmのあたりでワイヤーを交差させ、平ヤットコでしっかりと挟み、2～3回ねじる

3

ねじったワイヤーの短いほうをニッパーでカットする

4

丸ヤットコにワイヤーを巻きつけ輪を作る。輪を押さえたまま残りのワイヤーを平ヤットコで挟み、ねじったワイヤーに巻きつけていく(P21参照)

5

余分なワイヤーをニッパーでカットし、飛び出したワイヤーを平ヤットコでなじませる

6

リングの形状を整え、リングのビーズカラーが左右対称になるようピアスに通す

7

ピアスにパーツを通し、平ヤットコでカンを閉じる

Point

めがね留めをしたワイヤーが表側になるようにピアスに通すとキレイ

No. 8
RING MOTIF EARRINGS
リングモチーフピアス

A：ピアス　芯立　3mmゴールド …2個
B：コットンパール両穴　6mmキスカ …6個
C：コットンパール両穴　8mmキスカ …6個
D：テグス　2号クリア… 約40cm×2本

・接着剤　・目打ち　・つまようじ　・ハサミ

How to

1

Cコットンパール8mm、B6mmを各3個ずつテグスに通す。コットンパールにテグスが通りにくい場合は目打ちで穴を少し広げると通しやすい

2

テグスを最初に通したコットンパールから順に通し一周させ、引き締める

3

テグスを結び、糸を引き締める。3回結んでテグスが緩まないように固く結ぶ

4

結び目

余ったテグスをコットンパール2〜3個分もどし通す

5

結び目に少しだけ接着剤をつける

6

結び目がコットンパールの中に隠れるよう、片方のテグスを引き締める

7

余ったテグスをハサミでカットする

8

もともとあいていたコットンパールの穴と垂直になるように目打ちを刺し、金具の芯立が入る深さまで穴をあける

9

芯立の根元部分まできちんとピアスを差し込めるか確認して接着剤を塗り、8であけた穴にしっかりと固定する

No.9
SWAROVSKI & CHAIN TASSEL DESIGN EARRINGS

スワロフスキーと
チェーンタッセルのデザインピアス

A：ピアス　カン付き　ゴールド …2個
B：フレームパーツ　菱形　9×13mmゴールド …2個
C：コットンパール両穴　8mmグレー …2個
D：スワロフスキー＃5523
　　12mmクリスタルシルバーシェード …2個
E：丸カン　0.8×5mmゴールド …4個
F：丸カン　0.7×4mmゴールド …2個
G：小判チェーン　線径0.6mmゴールド　約34cm（4cm×8本）
H：9ピン　0.7×20mmゴールド …4本

・ハンドドリル　・平ヤットコ　・丸ヤットコ　・ニッパー

How to

1 ハンドドリルにチェーンの両端を通し、半分のところのコマをニッパーでカットする。この手順を繰り返し、約4cmの長さのチェーンを8本用意する
※ハンドドリルのほかに、針や固めのワイヤーなどでも代用可能

2 カットしたチェーン8本をハンドドリルに通し、長さを確認する。飛び出しているコマはカットし、長さをそろえる

3 ヤットコ2本でF丸カン4mmを挟み、カンを前後に動かして開く。チェーン4本を通してカンを閉じる（P13参照）

4 9ピンにパーツを通し、それぞれピンの根元を折り曲げる。根元から7mmほどピンを残しカットし、ピン先を丸める（P17参照）

5 Dスワロフスキーの両方のカンをヤットコで開閉し、3の丸カン部分とCコットンパールのカンを連結させる

6 3同様にE丸カン5mmを開閉し、図のようにパーツを連結させる

No.10
SWAROVSKI & FRAME PARTS BRACELET
スワロフスキーと
フレームパーツのブレスレット

A：コットンパール両穴　6mmキスカ …4個
B：コットンパール両穴　8mmグレー …1個
C：スワロフスキー #5523　12mmクリスタルシルバーシェード …1個
D：スワロフスキー #5328　4mmクリスタルシルバーシェード …1個
E：フレームパーツ　菱形　9×13mmゴールド …3個
F：9ピン 0.7×20mmゴールド …6本　G：Tピン 0.7×20mmゴールド …1本
H：丸カン 0.8×5mmゴールド …6個　I：丸カン 0.7×4mmゴールド …11個
J：カニカン 10×5mmゴールド …1個　K：アジャスター　ゴールド …1個
L：小判チェーン　線径0.6ゴールド …約11cm（2.5cm×4本）

・ハンドドリル　・定規　・平ヤットコ　・丸ヤットコ　・ニッパー

How to

1

ニッパーでLチェーンをカットし、約2.5cmのチェーンを4本用意する。チェーンをハンドドリルに通し、長さがそろっているか確認する

2

I丸カン4mmにチェーンの両端を通す。ヤットコ2本で丸カンを挟み、前後に動かしてカンを開閉する（P13参照）

3

Eフレームパーツの両端にH丸カン5mmを連結する

4
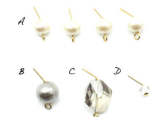

9ピンにA～C、TピンにDの各パーツを通し、ピンの根元を折り曲げる。根元から7mm残してカット。ピン先を丸める

5
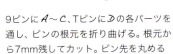

4で作ったパーツのカンをヤットコで開閉し、図のように連結させる

6

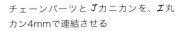

チェーンパーツとJカニカンを、I丸カン4mmで連結させる

7

図のようにパーツをI丸カン4mmで連結させる

8

アジャスターの先端についているシズク型チャームを取り外し、4で作ったDスワロフスキーを取りつける

No.11
2TONE CAP BRACELET
2トーンキャップブレスレット

- A：コットンパール両穴　12mmキスカ　…4個
- B：ラッカーパール
　　8mmダークブルー　…15個（手首15cm用の場合）
- C：スーパーアンタロン（繊維状ゴム）　白　…約45〜50cm
- D：円柱キャップ　4mm（内径）ゴールド　…2個
- E：丸大ビーズ　ゴールド　…4個

・ビーズ用ワイヤー針　・接着剤　・つまようじ　・ハサミ
・ハンドドリル　・目打ち　・テープ

How to

1 ラッカーパールの穴にハンドドリルや針を差し込み、バリを取る。コットンパールもゴムが通りやすいよう、目打ちで穴を拡大すると作業が行いやすい

2 ビーズ用ワイヤー針にゴムを通し、反対側のゴムの端にはビーズが抜け落ちないようテープを貼る。図のようにパーツを通していく

3 ゴムを最初に通したパールから順に1〜2個ゴムを通し、軽く引き締める

4 さらに1〜2個ずつパールにゴムを通しては軽く引っ張る作業を繰り返し、ゴムをもう一周させる

5 ゴムを結んで、適度に引き締める。さらにもう2回結んで引き締め、固結びする

6 余ったゴムをパール1個分戻し通す

7 ゴムの結び目につまようじなどで接着剤を塗る

8 接着剤が乾く前に、6で戻したゴムを引っ張り、結び目をパールの中に隠す

9 余分なゴムをハサミでカットする。少し引っ張りながらカットするとよい

No.12
JOINT EARRINGS
ジョイントピアス

A：ピアス　カン付き　ゴールド …2個
B：コットンパール両穴　6mmキスカ …2個
C：チェーン　幅6mm (K-245) 金古美 …8コマ
D：ガラスビーズ　ボタンカット
　　4mmオパールホワイトゴールドシャイン …4個
E：9ピン　0.7×20mmゴールド …6本
F：丸カン　0.7×4mmゴールド …2個

・平ヤットコ　・丸ヤットコ　・ニッパー

How to

1

ヤットコ2本でチェーンのコマを挟み、ヤットコを前後に倒しコマを広げ、4コマのチェーンを2本用意する

2

Bコットンパール、Dガラスビーズを9ピンに通し、ピンの根元をヤットコで折り曲げ、根元から7mmほどピンを残しニッパーでカットする

3

ピン先を丸ヤットコで挟み、ヤットコの丸みに沿わせて手首を回転させ、ピンを丸める（P17参照）

4

ピンの歪みを確認し、歪んでいるものはヤットコで挟み、向きを直す

5

1と同様にチェーンのコマを開き、Bコットンパールのカンを通してコマを閉じる

6

反対側のチェーンも5同様にコマを開き、Dガラスビーズのカンを通し、コマを閉じる

7

Dガラスビーズを通した9ピンをヤットコで開閉し、もうひとつのガラスビーズのカンと連結させる

8

Bコットンパールのカンをヤットコで開閉し、ピアスのカンと連結させる

9

丸カンを開いてDガラスビーズのカンとピアスのキャッチを通し、カンを閉じて完成

No.13
BUBBLE EARRINGS
バブルピアス

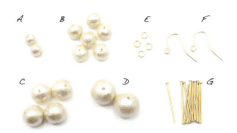

A：コットンパール両穴　6mmキスカ　…2個
B：コットンパール両穴　8mmキスカ　…6個
C：コットンパール両穴　10mmキスカ　…4個
D：コットンパール両穴　12mmキスカ　…2個
E：丸カン　0.7×4mmゴールド　…4個
F：ピアス　U字　ゴールド　…2個
G：Tピン　0.7×20mmゴールド　…14本

・平ヤットコ　・丸ヤットコ　・ニッパー

How to

1
Tピンに A〜D のコットンパールをそれぞれ通し、ピンの根元を折り曲げる

2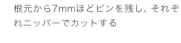
根元から7mmほどピンを残し、それぞれニッパーでカットする

3
ピン先を丸ヤットコで挟み、ピンを丸める（P17参照）

4
Ⅰ〜Ⅲの順に下のパーツから組み立てていく（手順5〜9参照）

5
Ⅰ：C10mmと A6mmのコットンパールを丸カンで連結させる。ヤットコ2本で丸カンを挟み、前後に動かして開閉する（P13参照）

6
Ⅱ：図のように丸カンに連結させる。5のパーツは A コットンパール6mmが手前に来るように丸カンに通す

7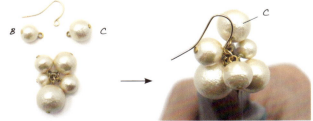

Ⅲ：C コットンパール10mmのカンをヤットコで開閉し、ピアスの正面側のカンに連結する

8
B コットンパール8mmのカンを開閉し、ピアスの裏側のカンに連結する。もう片方を左右対称に作る

Chapter 3　コットンパールのアクセサリー　49

No.14
SQUARE FRAME NECKLACE
スクエアフレームネックレス

コットンパール両穴　A：8mmキスカ …1個　B：10mmキスカ …2個
C：12mmキスカ …4個
D：フレームパーツ　しかく16×16mmゴールド …5個
E：Tピン　0.7×20mmゴールド …1本
F：つぶし玉　2mmゴールド …2個
G：ボールチップ　ゴールド …2個
H：Cカン　0.6×3×4mmゴールド …2個　I：丸カン　0.8×5mmゴールド …5個
J：カニカン　12×6mmゴールド …1個　K：アジャスター　ゴールド …1個
L：小判チェーン　線径0.6mmゴールド …約42cm（21cm×2本）
M：ナイロンコートワイヤー　0.38mmゴールド …約30cm

・平ヤットコ　・丸ヤットコ　・ニッパー

How to

1

ヤットコ2本でI丸カンを挟み、カンを開く。Dフレームパーツを通したら、それぞれのカンを閉じる（P13参照）

2

3
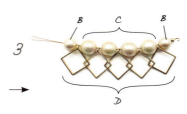

Mナイロンコートワイヤーを半分に折り曲げ、Fつぶし玉を通し平ヤットコで潰す。ワイヤー2本をまとめGボールチップを通し、平ヤットコでボールチップを閉じる。図のようにB〜Dのパーツを通す

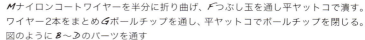

4

反対側のワイヤーにGボールチップ、Fつぶし玉を通し、ワイヤーをしっかりと引き締めながら、平ヤットコでつぶし玉を潰す

5

余分なワイヤーをニッパーでカットし、平ヤットコでボールチップを閉じる

6

Lチェーンをニッパーで半分にカットし、Gボールチップに通す。丸ヤットコでボールチップのフックを閉じる。反対側も同様に処理する

7
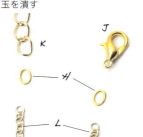

Kアジャスターとカニカンを、HCカンでLチェーンの先端に連結させる。丸カン同様ヤットコ2本でCカンを挟み、前後に動かして開閉する

8

Aコットンパール8mmをETピンに通し、ピンの根元をヤットコで折り曲げる。根元から7mmほどピンを残しカットしたら、ピン先を丸める（P17参照）

9

Kアジャスターの先端についているシズク型チャームを取り外し、8のパーツのカンを取りつけて完成

No.15
DROP NECKLACE
ドロップネックレス

No.16
SUPPLE LONG NECKLACE OF CHAIN
チェーンのしなやかロングネックレス

No.15
DROP NECKLACE
ドロップネックレス

A: コットンパール両穴　8mmホワイト　…5個
B: コットンパール両穴　8mmグレー　…4個
C: ファイヤーポリッシュ　10mmクリスタルキャル　…2個
D: 樹脂パール　ツユ縦穴　8×16mmクリーム　…5個
E: 丸カン　0.8×5mmゴールド　…2個
F: 丸カン　0.7×4mmゴールド　…9個
G: カシメ　3mmゴールド　…2個
H: つぶし玉　2mmゴールド　…2個
I: ボールチップ　ゴールド　…2個
J: 丸小ビーズ　イエローゴールド　…5個
K: レザーコード留め　4.5×15mmゴールド　…2個
L: カニカン　12×6mmゴールド　…1個
M: アジャスター　ゴールド　…1個
N: スエード革紐　幅3mmグレー　…約65㎝×2本（合計130㎝）
O: ナイロンコートワイヤー　0.38mmゴールド　…約20〜25㎝
P: Tピン　0.7×25mmゴールド　…6本

・平ヤットコ　・丸ヤットコ　・ニッパー　・ハサミ

How to

1

Dツユ型パールとJ丸小ビーズをPTピンに通し、ピンの根元を折り曲げる。根元から7mmほどピンを残しカットしたら、ピン先を丸めたパーツを5個作る。Aコットンパール1個も同様にTピンに通し、ピン先を丸める（P17参照）

3
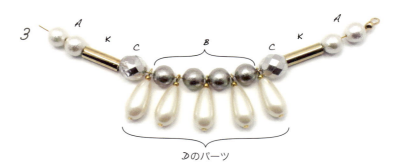

Dのパーツ

図のようにA〜D、Kのパーツをワイヤーに通す

2

Oナイロンコートワイヤーにつぶし玉とIボールチップを通し、つぶし玉を潰す。余分なワイヤーをカットし、ボールチップを閉じる

Point

手順2、4でナイロンコートワイヤーの端をUターンさせ、ビーズを2〜3個分戻し通すことで強度が増します（P19参照）。

4

ワイヤーに**I**ボールチップと**H**つぶし玉を通し、ワイヤーを引き締めながらつぶし玉を潰す。余分なワイヤーをカットし、ボールチップを閉じる
Point 反対側のボールチップと同じ向きになるように閉じると仕上がりがキレイ

5

丸ヤットコでボールチップのフックを閉じる

6

ボールチップと**E**丸カン5mmを連結させる。ヤットコ2本で丸カンを挟み、前後に動かしてカンを開閉する。反対側も同様に処理する

7

6の**E**丸カン5mmに**N**スエード革紐を中心まで通す。反対側も同様に通す

8

ヤットコ2本で**F**丸カン4mm計4個の隙間を閉じる。スエード革紐2本分を丸カン2個に通し、紐の根元まで丸カンを移動させる。通しにくいときは紐の先端を斜めにカットする。反対側も同様
Point 丸カンが入らない場合は一回り大きいサイズに変更するか、丸カンを少し広げる

9

スエード革紐の先端をそろえてハサミでカットし、2本まとめて**G**カシメにセットする。平ヤットコでカシメを片方ずつ閉じる。反対側も同様に処理する

10

Mアジャスターと**L**カニカンを**F**丸カン4mmでそれぞれのカシメの輪と連結させる（P13参照）
Point カシメの輪は薄いので、丸カンを2重にすると外れにくい。Cカンを使ってもOK

11

アジャスターの先端についているシズク型チャームを取り外し、**1**で作った**A**コットンパールを取りつけて完成

Chapter 3 コットンパールのアクセサリー 55

No.16
SUPPLE LONG NECKLACE OF CHAIN
チェーンのしなやかロングネックレス

120cmの材料
A：コットンパール両穴　8mmホワイト …約149個
B：ヒキワ　6mmロジウム …1個
C：板ダルマ　3×8mmロジウム …1個
D：スワロフスキー＃5328　4mmクリスタルシルバーシェード …2個
E：チェーン　幅1mmロジウムj4 コード：cn-2089…117cm
F：アーティスティックワイヤー　＃26ティンカッパー …約7cm×2本

・縫い針　・糸　・目打ち　・平ヤットコ　・丸ヤットコ　・ニッパー

How to

1 目打ちでコットンパールの穴を広げる。片方からでは十分に穴が広がらない場合は反対側からも目打ちを刺す

2 ワイヤーを3cmのあたりで折り曲げ、輪を作る（P22参照）。輪にしたワイヤーにチェーンの先端を通す。もう1本のワイヤーも同様に輪を作る

3 輪をヤットコで押さえ、短いほうのワイヤーを長いほうのワイヤーに3回ほど巻きつける。余分なワイヤーをカットし、平ヤットコでなじませる

4 スワロフスキーをワイヤーに通し、根元から1mmほど空けてワイヤーを折り曲げ、輪を作る

5 4で作った輪に板ダルマを通す

6 輪をヤットコで押さえ、残りのワイヤーを1mmほどの隙間に巻きつける。余分なワイヤーをでカットしなじませる

7

反対側のチェーンの先端と縫い針に糸を通し結び、コットンパールを通す

8

チェーンいっぱいまでコットンパールを通したら、糸を抜かずに2で輪を作っておいたワイヤーをチェーンの先端に通し、最後に糸を抜く
Point ワイヤーを入れる前に糸を切ってしまうとワイヤーが入れにくくなる

9

4～7の手順同様にめがね留めをする。このとき、ヒキワを入れてめがね留めをしてもいい

10

ヤットコでヒキワのカンを挟み、前後に動かしてカンを開き、ワイヤーの輪を通し、カンを閉じる
Point ヒキワのカンはもろいので、ワイヤーがギリギリ通る隙間を空ける程度がいい

Point
ワイヤーがチェーンのコマに通らないとき

目打ちでコマを広げる。カッターマットや木片を下敷きにし、真下へ力を加える。ハンマーで目打ちを軽くたたいてもいい。コマを広げすぎるとコマがもろくなってしまうので注意。

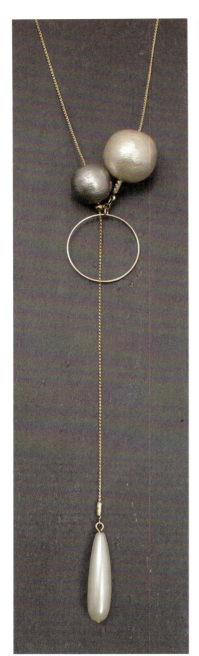

No.17
POINT NECKLACE
ポイントネックレス

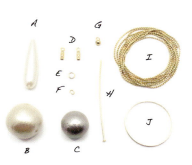

A：樹脂パール　ツユ　縦穴　8×30mmクリーム…1個
B：コットンパール両穴　18mmキスカ…1個
C：コットンパール両穴　14mmグレー…1個
D：カシメ　1.2mmゴールド…2個
E：丸カン　0.7×4mmゴールド…1個
F：Cカン　0.5×2×3mmゴールド…1個
G：スライドボール　3mmゴールド…1個
H：Tピン　0.7×45mmゴールド…1本
I：キヘイチェーン　線径0.35mm（135SRF）ゴールド…約85cm
J：メタルフープ（プレーン）　25mmゴールド…1個

・平ヤットコ　・丸ヤットコ　・ニッパー

How to

1　チェーンにスライドボール、コットンパール14mm、18mmを通す

2　チェーンの先端をカシメにセットし、片側ずつ平ヤットコで折りたたみ、強く押さえて固定する。もう片方も同様にカシメをつける

3　スライドボールとカシメをCカンで繋ぐ（P13参照）

4　スライドボールとメタルフープを丸カンで繋ぐ

5　樹脂パールにTピンを通し、先端を丸める（P17参照）

6　樹脂パールとカシメを繋げる

7　コットンパールの位置を整えて完成

Point

スライドボールをつけることでネックレスの輪の大きさを調節することができる

Chapter 3　コットンパールのアクセサリー

No.18
VOLUME NECKLACE
ボリュームネックレス

No.19
RIBBON TACK PIN
リボンタックピン

61

No.18
VOLUME NECKLACE
ボリュームネックレス

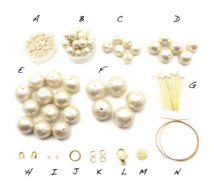

- A：丸大ビーズ　クリーム…59個
- B：コットンパール両穴　6mmキスカ…40個
- C：コットンパール両穴　8mmキスカ…6個
- D：コットンパール両穴　10mmキスカ…6個
- E：コットンパール両穴　12mmキスカ…12個
- F：コットンパール両穴　14mmキスカ…5個
- G：Tピン　0.7×25mmゴールド…17本
- H：U字金具　4×5mmゴールド…2個
- I：つぶし玉　2mmゴールド…2個
- J：丸カン　1.4×8mmゴールド…1個
- K：丸カン　0.7×4mmゴールド…4個
- L：カニカン　12×6mmゴールド…1個
- M：メタルパーツ　スターダストラウンド1穴　8mmゴールド…1個
- N：ナイロンコートワイヤー　0.38mmゴールド…約70cm

・平ヤットコ　・丸ヤットコ　・ニッパー

How to

1

コットンパール8mmを5個、10mmを6個、12mmを1個、14mmを5個Tピンに通し根元を折り曲げ、7mmほど残しカットする。それぞれのピン先を丸める（P17参照）

2

図のようにワイヤーへパーツを通す。片側のワイヤーにテープを貼っておくと抜け落ちない（配置は右ページ参照）

3

両方のワイヤーに、Bコットンパール6mmとA丸大ビーズを交互に20個ずつ通す。ビーズの個数を増減することで好みの長さになる

4

ワイヤーの端から5cmのところにIつぶし玉とHU字金具を通したら、折り返すようにもう片側に通す。ワイヤーをつぶし玉に戻し、つぶし玉を潰す

5

ビーズをU字金具側へよせる。残ったワイヤーをビーズ3～4個分戻し通し、余分なワイヤーをニッパーでカットする

6

反対側も4同様につぶし玉とU字金具を通し、折り返す。この際、折り返したワイヤーをビーズ3～4個分戻し入れておくといい

7 ワイヤーをしっかりと引き締める

8 平ヤットコでつぶし玉を潰し、余分なワイヤーをニッパーでカットする

9 U字金具にJ・K丸カンでパーツを連結させて完成（P13参照）

● 丸大ビーズ

黒字：/で作ったパーツのカン部分をワイヤーに通す
グレー字：残りのコットンパール。穴に直接ワイヤーを通す

No.19
RIBBON TACK PIN
リボンタックピン

A：コットンパール両穴　6mmキスカ…18個
B：サンドブラストビーズ　10mmゴールド…1個
C：テグス　4号…約50cm×2本
D：チョウタックセット　おわん　ゴールド…1個

・目打ち　・ハサミ　・接着剤　・つまようじ

How to

1

テグスを通しやすくするため、すべてのコットンパールの穴に目打ちを刺し込んでおく

2

テグスの中心にコットンパールを1個通し、テグスを2本まとめてもう1個パールを通す

3

左右のテグスにコットンパールを通し交差させ、引き締める

4

片方のテグスにコットンパールを2個通し、最初のパールに通して引き締める

5

それぞれのテグスにコットンパールを1個ずつ通す

6

さらにテグスにコットンパールを2個通し交差させ、引き締める

7 図のように5で通したコットンパールを1個とばし、コットンパールを2個分、それぞれのテグスを通す

8 テグスを引き締め、2〜3回結ぶ。同様のパーツをもう1セット用意する

9 テグスをまとめてビーズ10mmに通す

10 それぞれのパーツの根元で、2度結び、しっかりとテグスを引き締める

11 つまようじに接着剤をつけ、10の結び目に塗りつける

12 片側のテグスを2本まとめて、ビーズ10mmに通す

13 テグスをコットンパール2個分、それぞれの方向へ戻し入れる

14 余分なテグスをハサミでカットする

15 タックピンのおわん部分に接着剤を塗り、リボンパーツの中心の位置に貼りつける

Arrange

- コットンパール両穴　6mmキスカ…18個
- サンドブラストビーズ　10mmゴールド…1個
- テグス　4号…約50cm×2本
- ヒートンキャップ　8mmゴールド…1個
- 丸カン　0.8×6mmゴールド…2個
- ヘアゴム　エンドレス　黒ゴム…1本

No.20
FAN EARRINGS
扇のピアス

No.21
DESIGN HOOP EARRINGS
デザインフープピアス

No.20
FAN EARRINGS
扇のピアス

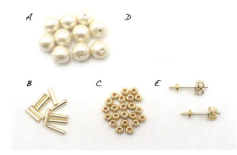

A：コットンパール両穴　6mmキスカ　…10個
B：竹ビーズ　二分竹（6mm）金茶銀引　…10個
C：丸大ビーズ　イエローゴールド　…22個
D：テグス　2号　…約50cm×2本
E：ピアス　芯立　3mmゴールド　…2個

・目打ち　・ハサミ　・接着剤　・つまようじ

How to

1 テグスの中心にビーズを3個通し、4個目の竹ビーズでテグスを交差させ、引き締める

2 左右のテグスにコットンパール、丸大ビーズを通し、竹ビーズで交差させる。同じように3段目、4段目を編む

3 竹ビーズで交差したテグスの片方に丸大ビーズを通し、4段目のコットンパールにテグスを通し引き締める。同様に丸大ビーズをテグスに通し、3段目のコットンパールに通す。同じ作業を1段目のコットンパールまで繰り返し引き締める

4 1段目のコットンパールへ通したテグスに丸大ビーズを通し、編み始めの竹ビーズに通し、引き締める

5 もう片方のテグス（赤色）に図のようにビーズを通す

6 1段目の丸大ビーズから順に、5で最後に入れた丸大ビーズまで、テグスを1周させ引き締める

7 左右のテグスを引き締め、3回結ぶ
Point つまようじに接着剤を塗り、結び目に少しつけると頑丈になる

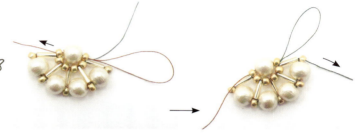

8 結び目からそれぞれのテグスを3個分ほどビーズへ戻し通し、引き締める

9 余分なテグスを軽く引っ張りながらハサミでカットする

10 もともとあいていたコットンパールの穴と垂直になるように目打ちを刺し、ピアスの芯立が入る深さまで穴をあける

11 ピアス芯立部分に接着剤を塗り、11であけた穴にしっかりと固定する
Point 接着剤を塗る前にピアス金具を差し込み、芯立の根元部分までピアスを差し込めるか確認する

Arrange

- コットンパール両穴　6mmホワイト…10個
- 竹ビーズ　二分竹（6mm）クリスタル銀引…10個
- 丸大ビーズ　シルバーメタリック…22個
- テグス　2号…約50cm×2本
- イヤリング　ネジバネジ切　ロジウム…2個

No.21
DESIGN HOOP EARRINGS
デザインフープピアス

- A：コットンパール両穴　8mmホワイト …2個
- B：真鍮パーツ　2.5×2mmゴールドケシ …10個
- C：丸小ビーズ　イエローゴールド …24個
- D：TOHO 丸小ビーズ　No.2107（ピンク） …24個
- E：TOHO 丸小ビーズ　No.2102（ブルー） …16個
- F：TOHO 丸小ビーズ　No.2100（ホワイト） …22個
- G：TOHO 丸小ビーズ　No.2115（グレー） …36個
- H：ピアス　ワイヤーフープ　30mmゴールド …2個
- I：アーティスティックワイヤー
  　#28ノンターニッシュブラス …約23〜25cm×2本

・平ヤットコ　・ニッパー

How to

1 ピアス金具の折れ曲がっているワイヤーを平ヤットコで挟んで少し倒し、Aコットンパールを通したらもとの角度に戻す。ワイヤーを倒しすぎると折れ目でちぎれてしまうことがあるため、倒しすぎないように注意
Point 折れ曲がっていないフープピアスを使用する場合は、コットンパールを通してから先端を5mmほど折り曲げる

2 アーティスティックワイヤーをワイヤーフープに4回ほど巻きつける

3 短いほうのワイヤーの根元部分をニッパーでカットし、平ヤットコでなじませる

4 **I**：B真鍮パーツを5個を通し、ワイヤーをピアス金具の下から上に2〜3回巻きつける

5 **II**：D丸小ビーズ（ピンク）12個を通し、ワイヤーを*4*同様に処理する

6 Ⅲ：E丸小ビーズ(ブルー)8個、C丸小ビーズ(ゴールド)6個を通し、ワイヤーを4同様に処理する

7 Ⅳ：F丸小ビーズ(ホワイト)11個、C丸小ビーズ(ゴールド)6個を通し、ワイヤーを4同様に処理する

8 Ⅴ：Gビーズ(グレー)18個を通し、ワイヤーを4同様に処理する

9 平ヤットコを使い、ワイヤーをピアス金具の下から上に5回ほど引き締めながら巻きつける

10 余分なワイヤーを根元からニッパーでカットする

11 巻きつけたパーツの位置を調整する

12 飛び出したワイヤーを平ヤットコでなじませる

13 ピアス金具に巻きつけたビーズを平ヤットコで軽く押さえ、平らにする。力を入れるとビーズが割れるので注意

Arrange

- コットンパール両穴　8mmグレー…2個
- 真鍮パーツ　2.5×2mmゴールドケシ…10個
- 丸小ビーズ　イエローゴールド…24個
- TOHO　丸小ビーズ　No.123D(イエローベージュ)…22個
- TOHO　丸小ビーズ　No.123(ベージュ)…38個
- TOHO　丸小ビーズ　No.2115(グレー)…36個
- ワイヤーフープ　ラウンド　30mmゴールド…2個
- イヤリング　ネジバネ玉ブラ　4mmゴールド…2個
- アーティスティックワイヤー　#28ノンターニッシュブラス…約23〜25cm×2本

※ワイヤーフープにコットンパールを通し、接続部を接着剤で固定してからビーズを巻いていきます。丸小ビーズは粒の大きさが正確にそろっていないものもあるため、巻きつけの際に個数を加減しましょう。

A：コットンパール両穴（片穴でも可）　6mmキスカ…10個
B：アクリルパール　6mmエナ金つや消し…2個
C：イヤリング　蝶バネ丸皿　9mmゴールド…2個

・クリアファイル（4×6cm程にカット）　・レジン液
・UVライト　・接着剤　・ピンセット　・つまようじ

レジン液の取り扱い：詳しくはP76参照

How to

1.
クリアファイルにレジン液を少しぷっくりするくらい垂らす。液が広がってしまうので、素早く次の手順へ進む

2.
図のようにパールの穴が見えないように配置する

3.
パールの中間にレジン液を適量垂らす

4.
パールの穴が見えないように配置する

5.
表面をUVライトで2分ほど照射する

6.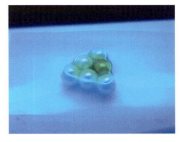
裏面もUVライトで2分ほど照射し、クリアファイルから剥がす。バリはハサミでカットする

7.
イヤリングの丸皿に接着剤を塗り、アクリルパールの位置が左右対称になるようにパーツに接着する

8.
完全に接着剤が乾いたら、裏面にレジン液を塗る。ぷっくりするくらい垂らし、つまようじなどで全面に広げる

9.
UVライトで8分ほど照射
※レジン液の厚みやUVライトのワット数で硬化時間が異なります

Chapter 3　コットンパールのアクセサリー

No.23
SWAROVSKI'S BIJOU EARRINGS
スワロフスキーのビジューピアス

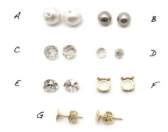

A：コットンパール両穴（片穴でも可）　8㎜ホワイト…2個
B：アクリルパール　6㎜グレー…2個
C：ガラスビーズ　ラウンドカット　6㎜クリスタルシルバーシェード…2個
D：ガラスビーズ　ラウンドカット　4㎜クリスタルシルバーシェード…2個
E：スワロフスキー　#1088　SS29クリスタルシルバーシェード…2個
F：石座　#1088用　SS29ゴールド…2個
G：ピアス　丸皿　6㎜ゴールド…2個

・クリアファイル（4×6㎝程にカット）　・レジン液　・UVライト
・接着剤　・ピンセット　・つまようじ　・平ヤットコ

レジン液の取り扱い：詳しくはP76参照

How to

1

スワロフスキーを石座にセットし平ヤットコで爪を倒す（P13参照）

2

クリアファイルにレジン液を少しぷっくりするくらい垂らし、上部にコットンパールの穴が見えないよう配置する

3

1の石座を配置し、アクリルパールを穴が見えないように配置

4

レジンを垂らし、ガラスビーズ4mmと6mmを配置する。もう片方のピアスも、左右対称になるようパーツを配置する

5

表面からUVライトで2分ほど照射。裏面も同様に2分ほど照射しクリアファイルから剥がす。バリはハサミでカットする

6

ピアスの丸皿に接着剤を塗り、5のパーツに接着する。接着剤が軽く固まるまで指で押さえる。瞬間接着剤はパーツが曇るので使用しない（P76参照）

7

完全に接着剤が乾いたら、裏面にレジン液を塗る。ぷっくりするくらい垂らし、つまようじなどで全面に広げる

8

UVライトで8分ほど照射。裏面を平らに置くことができないビジューデザインはレジン液が垂れてしまう場合があるため、素早くUVライトを照射する

Handling of RESIN
レジンの取り扱い

レジンアレルギー

個人差がありますが、指先の痒みや赤み、水疱や痛みが伴うアレルギー症状です。ある日突然発症し、完治が難しいといわれています。しっかり硬化したレジンは無害ですが、硬化前のレジン液が指先に付着し皮膚から吸収してしまったり、揮発したレジン液に触れることが原因です。

・レジン液を扱う際はゴム手袋やビニール手袋をし、レジン液が直接手につかないようにしましょう。フィットタイプだと作業がしやすいです
・手についてしまった際はすぐに洗い流すようにしてください
・さらにマスクやメガネを着用し皮膚を守ることも有効です
・揮発したレジン液を吸い込まないように換気をしましょう

UVライト

UVライトは半年〜1年が交換目安です。普段と同じ照射時間でもレジンの表面がべたつく場合は、使用回数にかぎらずライトの交換を検討しましょう。

How to choose BONDING AGENT
接着剤の選び方

A   *B*

ガラスストーンやアクリルパーツの接着

ガラスストーンを丸皿ピアスに接着してみました。*A*接着剤（クリア）、*B*瞬間接着剤を使用しています。*A*に対し、*B*は「白化現象」が起き、白い粉がついたように表面が曇ってしまいました。これは瞬間接着剤が硬化する際に起きてしまう現象で、はみ出した接着剤が原因です。はみ出さないように塗布したとしても、ガラスストーンなどの小さなパーツや通し穴がついているパーツは、白化が起きやすいです。クロスで拭き取ることも可能ですが、ガラスストーン本来の輝きに戻すのは難しいかもしれません。クリアタイプの接着剤を使用することで、パーツ本来の輝きを損なわずに接着することができます。また、クリアパーツの接着の場合はレジンを使用するのもおすすめです。パーツにあわせて接着剤を選びましょう。

Chapter 4
TASSEL'S BASIC TECHNIQUES

タッセルの基本テクニック

タッセルアクセサリーを作るときに必要なテクニックと
あると便利な道具を紹介します。

TASSEL BOARD
タッセルボード

厚紙にちょっと手を加えるだけでタッセル作りに便利なボードが作れます。作りたいタッセルの長さ×2＋1〜2cmの長さの厚紙を用意します。

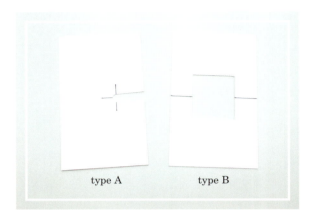

type A

厚紙の中心に切り込みを入れたもの。中央にパンチで穴をあけ、ハサミでカットして作成。容易に作成でき、厚紙の強度も保たれる

糸を丸カンや糸で束ねる際も中心がわかりやすい。両端の糸の輪をカットせずに厚紙から取り外せるので、やり直しが必要な際も材料を無駄にせず作成が可能

type B

厚紙の中心をカッターで切り取ったもの。糸を巻く回数が多い際や、太い糸を使用する際におすすめ

両端の糸の輪をカットして厚紙から取り外す

YARN TYPE
タッセルの素材

1 Silk
2 Rayon
3 Nylon
4 Polyester
5 Lace #20
6 Lace #40
7 Embroidery

糸の種類や色、太さなど様々な素材を使うことで表情豊かなタッセルが完成します。異素材の組みあわせであなただけのオリジナルを作ることも。ここでは代表的なタッセルの素材を紹介します。

1…シルク糸
艶がありサラサラと滑らかな手触り。高級感のある美しいタッセルを作りたいときに。

2…レーヨン糸
光沢があり滑るような手触り。存在感のあるタッセルが作れます。クシを通すとほつれてしまうので注意。

3…ナイロン糸50番
サラッとした手触り。糸が細く繊細な仕上がりに。ピアスなどのアクセサリーにおすすめ。

4…ポリエステル糸60番
メーカーにより質感が様々で、色が豊富なので作品にあわせて選ぶことができる。

5…レース糸20番（コットン）
太めのレース糸。糸1本1本の存在感があるので束感を活かした作品作りに。

6…レース糸40番（コットン）
程よい太さのレース糸で素朴な質感。ナチュラルな雰囲気のアクセサリーにおすすめ。

7…刺繍糸25番（コットン）
程よい艶があり、色も豊富。メーカーにより質感が違うのでお気に入りを見つけてみましょう。6本の細い糸が一束になっているため、クシや針頭で束をほぐして使うこともできます。

Lesson 6
EASY NECK TASSEL
イージーネックタッセル

タッセルのネック部分を、
カンタン・キレイにくくる方法をご紹介します。

A : お好みの糸　房用 …適量
B : お好みの糸　くくり用 …約30cm
C : 丸カン …糸の太さや巻数にあわせて

・厚紙などの台紙 …作りたいタッセルの2倍＋αの長さ
・紙で作った筒 …作品のサイズにあわせて
・ナイロンコートワイヤーやテグスを半分に折ったもの
・平ヤットコ　・ハサミ

How to

房の用意

1

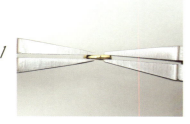

平ヤットコで丸カンのカンを閉じる

2

台紙に糸を巻きつけていく。完成するタッセルは、台紙に巻きつけた糸の倍の太さになる

3

台紙から糸を外し、輪の端にワイヤーを通したら、さらに丸カンを通す

くくる

4

ワイヤーを外し、丸カンが糸束の中央になるようにセットする

5

丸カンを平ヤットコで押さえ、糸を半分に折り糸束を整える。閉じたカンの繋ぎ目が糸の中に隠れるようにする

6

くくり糸を指に掛けて輪を作る

7

くくり糸が交差する部分を親指でしっかりと押さえる

8

下から上に4回ほど糸を引き締めながら巻いていく

9

輪から指を抜き、巻き終わりの糸端を輪に通す

10

巻き始めの糸をタッセルの頭の方向へ引き上げ、糸を引き締める。7〜10まで親指でくくり糸を押さえながら作業を行うと糸が緩まない

11

巻き始めと終わりの糸をしっかりと引き締める

12

余分な糸をハサミでカットする

仕上げ

13

糸束の輪をハサミでカットし、糸束を整える

14

紙で作った筒を被せる。あらかじめ紙の筒を作らず、このときタッセルにあわせて紙を巻いてもいい

15

筒からはみ出た糸をカットする。筒を外し、歪んでいる糸先があればさらにカットする。バランスを整えて完成

Lesson 7
STANDARD NECK TASSEL
スタンダードネックタッセル

Lesson6のくくり方に比べ難易度は上がりますが、
タッセルのネック部分を長くしたいときにおすすめです。

A：糸　提げ用…約30cm
B：糸　くくり用　約50〜80cm
C：糸　房用…適量

・タッセルボード（p78参照）
・紙で作った筒
・ハサミ

How to

房の用意

1
提げ用の輪を作る。糸端は長めに残しておく

2
ボードに糸を巻きつける

3
1の提げ用コードを糸束の中心に結ぶ。2〜3回きつく結ぶ。**Point** 最初の結び目に水を少量つけると緩みにくい

4
両端の輪をハサミでカットする

5
余分な結び糸をカットする。提げ用コードが同色の場合はカットせず房に混ぜる

6
クシで糸束を整える。クシが糸に引っかかり糸が割れてしまうときはクシは使わない

くくる

7 くくり糸を図のように置く

8 くくり糸が交差する部分を親指でしっかりと押さえ、糸をきつく3〜4回巻く

9 下の輪とくくり部分の境目がなくなるまで、上の輪の糸を優しく引き上げる

10 糸が交差する部分を親指でしっかりと押さえ、さらに数回糸を巻き上げる

11 巻き終わりの糸端を、上の輪に手前から通す

12 下の糸を引き、上の輪を巻いた糸の中に引き込む

13 上下の糸を引き締める

14 くくり糸の余分な糸をカットする

仕上げ

15 タッセルの太さにあわせて、紙で筒を作る。タッセルに被せ、余分な糸をカットする。バランスを整えて完成

Lesson 8
WIRE NECK TASSEL
ワイヤーネックタッセル

タッセルのネック部分をワイヤーでくくる方法をご紹介します。
アクセサリー金具と統一感が出るので、高級感が増します。

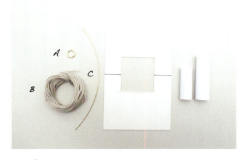

A：丸カン…糸の太さや巻き数にあわせて
B：糸　房用…適量
C：ワイヤー　くくり用…適量

・タッセルボード（p78参照）　・紙の筒（束押さえ用）
・紙の筒　・ハサミ　・平ヤットコ　・ニッパー

How to

房の用意

1 タッセルボードに糸を巻き付け、丸カンで糸束をまとめる

2 両端の輪をカットする

3 房がぎりぎり通る太さの筒を被せる。
Point 筒を被せることで糸がばらけず、ワイヤーが巻きやすくなる

くくる

4 ワイヤーの中央に房を置き、指で添わせるようにワイヤーを丸める

5 一周したワイヤーを平ヤットコで引き締めながらさらに巻く
Point 平ヤットコは必ずワイヤーの端を掴み、こまめに掴み変えながら少しずつ巻く。一点に負荷がかかるとワイヤーが切れてしまう

仕上げ

6 余分なワイヤーをカットする

7 飛び出したワイヤーをタッセル側へ少し押し込み、形を整える

8 筒を被せ、余分な糸をカットし完成

The world of
EMBROIDERY YARN

刺繍糸の世界

DMC LIGHT EFFECTS
ライトエフェクト

キラキラと輝くメタリックの糸。
糸1本1本にハリがあり、美しい仕上がりに。
しっかりとしたタッセルができるので、
アクセサリーのほかにもストラップやキーホルダーなど、
幅広く使えます。

DMC COLOR VARIATIONS
カラーバリエーション

グラデーションが美しい、マルチカラーの糸。
見ているだけでも楽しい、豊富なカラーがそろっています。
ミックスカラーのタッセルを作りたいときは、
この刺繍糸ひとつで完結してしまう、万能タイプです。

Q & A

糸や紐のクセを取る方法

シルク、レーヨン、ナイロン、テグスの場合

シルク、レーヨン、ナイロン、テグスは、アイロンを浮かせてスチームを当てると簡単にクセが取れます。タッセルの形状にしてからクセを取る場合は、糸の長さを切りそろえる前にスチームを当てましょう。
熱に弱い素材なので、アイロンを直接当てないように注意してください。テグスはピンと引っ張りながら冷ますとクセが取れます。

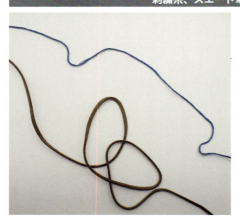 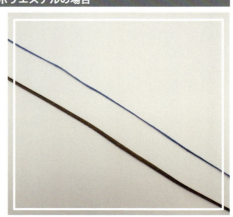

刺繍糸、スエード革紐、ポリエステルの場合

刺繍糸、スエード革紐、ポリエステルはアイロンがけをします。スチーム中温で大半のクセが取れます。アイロンを直接当てる必要があるものは、タッセルの形状にする前にクセを取ることをおすすめします。ポリエステルは熱に弱いものもあるため、注意が必要です。まず低温で様子を見てみましょう。また、刺繍糸、スエード革紐はアイロン台に色移りしてしまう場合があるので注意してください。

Chapter 5
TASSEL ACCESSORIES

タッセルのアクセサリー

ひとつ作ると、色違いも欲しくなる。
サイズや質感で印象がガラリと変わるタッセルを楽しんでください。
差し色でお洒落のアクセントに。

No.24
CUT GLASS & PIPE TASSEL EARRINGS
カットガラスとパイプのタッセルピアス

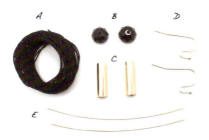

A：オリムパスレース糸　金票40番　色：901（黒）…約3.7m×2
B：ガラスビーズ　ボタンカット　8mmブラック…2個
C：レザーコード留め　4.5×15mmゴールド…2個
D：ピアス　U字　ゴールド…2個
E：アーティスティックワイヤー　#24ノンターニッシュブラス…約6cm×2本

・タッセルボード9cm（P78参照）　・ハサミ
・紙の筒3cm　・平ヤットコ　・丸ヤットコ　・ニッパー

How to

1

タッセルボード9cmにレース糸を20回巻く

2

ワイヤーでまとめて平ヤットコでねじり、糸束を固定する

3

両端の輪をカットする

4

短いほうのワイヤーをニッパーでカットする

5

コード留め（パイプ）の1/3〜半分を糸束に通す。糸束がギリギリ通る大きさなので、ワイヤーを平ヤットコで押さえると通しやすい

6

ガラスビーズを通し、めがね留めをする（P22参照）

7

筒3cmを房が見えている部分に被せる

8

余分な糸をカットする

9

ピアスにパーツを通し、カンを閉じる

No.25
LONG HEAD TASSEL EARRINGS
ロングヘッドのタッセルピアス

A：刺繍糸　DMC25番　色：3345…房用約2.3m×2　結び用約20cm×2
　　くくり用約30cm×2
B：コットンパール両穴　10mmホワイト…2個
C：Cカン　0.6×3×4mmゴールド…2個
D：直パイプ　1.0×15mmゴールド…2個
E：ファイヤーポリッシュ　3mmゴールド…2個
F：真鍮メタルパーツ　4mmゴールド j4 コード：ML-R…2個
G：ピアス　U字　ゴールド…2個

・細いワイヤー（テグス）　・平ヤットコ　・ハサミ
・タッセルボード7cm（P78参照）　・クシ　・紙の筒3cm

How to

1　結び用刺繍糸を半分に折り、針（細いワイヤーを半分に折ったもの）を通し、図のようにパーツを通す

2　針を抜き、輪にCカンを通しカンを閉じる（P13参照）

3　パーツをCカン側へ隙間ができないように移動させる

4　タッセルボード7cmに、房用の刺繍糸を15回巻く

5　3で通したパーツが束の中心になるように結び用糸を2〜3回結び、両端の輪をカットする。**Point** 1回目の結び目に水をつけると緩みにくい

6　クシや手で糸束を整える

7　くくり用刺繍糸を5〜6周させ糸束をくくり（P80参照）、余分な糸をカットする

8　筒3cmを被せ、余分な糸をカットする

9　ピアスにパーツを通し、カンを閉じる

No. 26
TRIANGLE LEATHER & LONG NECK TASSEL EARRINGS
三角レザーのロングネックタッセルピアス

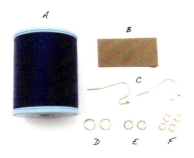

A：フジックス　シャッペスパンミシン糸　#60　色：97
　　…房用約34m×2　くくり用約80cm×2
B：レザー　ハギレ　ブラウン…約30×15mm
C：ピアス　U字　ゴールド…2個
D：丸カン　0.8×6mmゴールド…2個
E：丸カン　0.8×5mmゴールド…2個
F：丸カン　0.7×4mmゴールド…4個

・定規　・ボールペン　・ハサミ　・目打ち
・タッセルボード11cm（P78参照）　・紙の筒（束押さえ用）
・紙の筒5cm　・平ヤットコ

How to

1

レザー（ハギレ）の裏側にボールペンで印をつける。縦15mm×横20mmの三角形

2

印のとおりにカットする。定規をあて、カッターでカットしてもOK

3

目打ちで図の位置に穴をあける。軽く穴をあけたあと、目打ちを回転させながら丸カンが通る大きさまで穴を広げる

4

タッセルボード11cmに、房用糸を150回巻く

5

糸束をD丸カン6mmでまとめ、カンを閉じて両端の輪をカットする

6

タッセルがギリギリ通る太さの筒を被せる

7

くくり用糸を約30周させて糸束をくくり、余分な糸をカットする（P83参照）。巻き上げる糸に隙間や重なりができないように仕上げる

8

筒5cmを被せ余分な糸をカットする

9

E丸カン5mmでレザーとタッセルを、F丸カン4mm×2個でレザーとピアスをそれぞれ連結させ完成（P13参照）

No.27
SMOOTH TASSEL EARRINGS
さらさらタッセルピアス

A：フジックス　レジロンミシン糸　#50　色：33…約25m×2
B：ファイヤーポリッシュ　4mmゴールド…2個
C：丸大ビーズ　イエローゴールド…2個
D：ガラスビーズ　ボタンカット　6mmライトスモーキー…2個
E：ピアス　U字ゴールド…2個
F：アーティスティックワイヤー　#24ノンターニッシュブラス…約6cm×4本

・タッセルボード（P78参照）　・ハサミ　・紙の筒（束押さえ用）
・紙の筒4.5cm　・平ヤットコ　・丸ヤットコ　・ニッパー

How to

1 タッセルボード10cmに糸を120回巻く。ワイヤーでまとめ、平ヤットコで3〜4回ねじる

2 両端の輪をカットし、タッセルがぎりぎり通る太さの筒を被せる。直接紙を巻いてもOK

3 ワイヤーを3周巻きつける（P84参照）

4 ニッパーでワイヤーをカットする。上下の切り口がタッセルの中心でそろうとキレイ

5 飛び出たワイヤーをタッセル側に少し押し込み、形を整える

6 短いほうのワイヤーをニッパーでカットする

7 パーツを通し、めがね留めをする（P22参照）

8 筒4.5cmを被せ、余分な糸をカットする

9 ピアスにパーツを通し、カンを閉じる

Chapter 5　タッセルのアクセサリー　95

No.28
BEADS & MINI TASSEL'S LONG EARRINGS

ビーズとミニタッセルの
ロングピアス

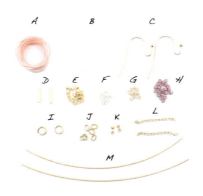

A : フジックス　シャッペスパンミシン糸　#60　色：211…約4.5m×2
B : テグス　4号…約12cm×2　　C : ピアス　U字　ゴールド…2個
D : 竹ビーズ　二分竹(6mm)金茶銀引…2個
E : MIYUKIデリカビーズ　サイズ-色：DB-42…18個
F : MIYUKIデリカビーズ　サイズ-色：DB-1496…14個
G : MIYUKIデリカビーズ　サイズ-色：DB-205…10個
H : MIYUKIデリカビーズ　サイズ-色：DB-1376…20個
I : 丸カン　0.7×4mmゴールド…2個
J : Cカン　0.6×3×4mmゴールド…6個
K : つぶし玉　1mmゴールド…4個
L : 小判チェーン　線径0.3ゴールド…2cm×2本
M : アーティスティックワイヤー　#26ノンターニッシュブラス…約7cm×2本

・タッセルボード5cm(P78参照)　・ハサミ
・平ヤットコ　・ニッパー　・紙の筒2cm

How to

1
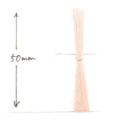

タッセルボード5cmに糸を40回巻き、丸カンで糸束をまとめ、両端の輪を切る

2

ワイヤーを5〜6周巻き(P84参照)、余分なワイヤーをカットしてなじませる

3

筒2cmを被せ、余分な糸をカットする

4

テグスにつぶし玉、Cカンを通し、もう一度つぶし玉にテグスを戻し通す。つぶし玉を平ヤットコで潰す

5

上図のようにビーズを通し、更につぶし玉とCカンを通す。もう一度つぶし玉とビーズ数個にテグスを戻し通す

6

Cカンを平ヤットコで押さえ、テグスを引き締める

7

つぶし玉を平ヤットコで潰し、余分なテグスをカットする

8

4で通したCカンを開き、タッセルと連結させる(P13参照)

9

5で通したCカンとチェーンを連結し、チェーンにCカンを繋ぐ。ピアス金具を取りつける

No.29
GIMA TASSEL EARRINGS
GIMAタッセルピアス

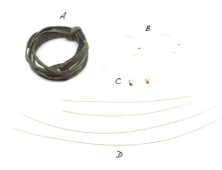

A：ダルマ　GIMA（サマーヤーン）　色：3…約90cm×2
B：ピアス　U字　ゴールド…2個
C：真鍮カットビーズ　3×3mm　ゴールド…2個
D：アーティスティックワイヤー
　　#24ノンターニッシュブラス…約6cm×2、約10cm×2

・台紙4cm　・平ヤットコ　・丸ヤットコ　・ニッパー　・ハサミ

How to

1　台紙4cmにGIMAを10回巻く

2　台紙から外し、輪にワイヤー6cmを通し、ワイヤーで頭部分をまとめる。ワイヤーのまとめ幅を平ヤットコで狭くしておくと、仕上がりがキレイ

3　ワイヤーを交差させて糸束の2〜3mm上を平ヤットコで挟み、ねじった部分が2mmくらいになるように4〜5回ほどねじる

4　短いほうのワイヤーをニッパーでカットする

5　カットビーズを通し、めがね留めをする（P22参照）

6　ワイヤー10cmを5周巻く（P84参照）

7　余分なワイヤーをカットし、飛び出したワイヤーをタッセル側になじませる

8　巻き始めと巻き終わりのGIMAの長さをそろえる

9　指で輪を広げ、形を整えたらピアスを取りつける

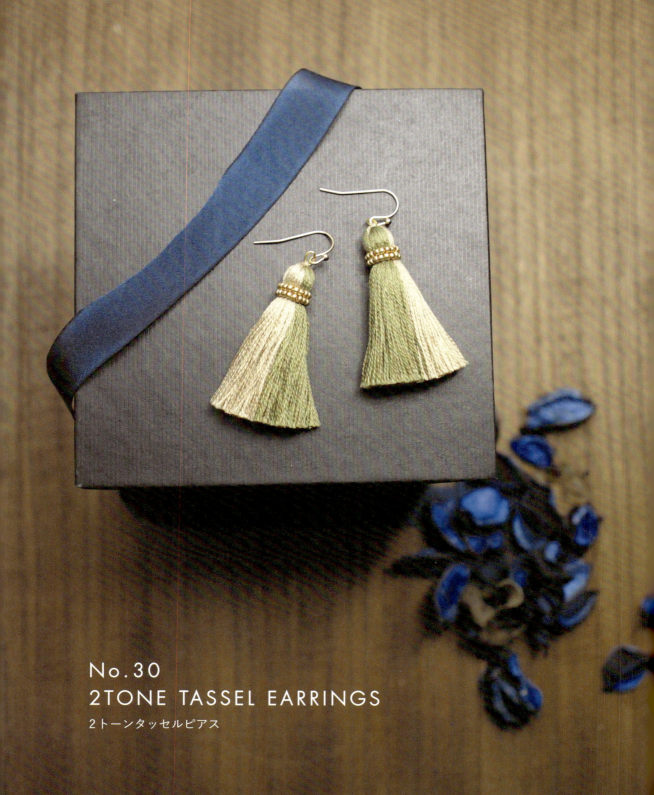

No.30
2TONE TASSEL EARRINGS
2トーンタッセルピアス

No.31
DIVIDED TASSEL EARRINGS
ディバイドタッセルピアス

No.30
2TONE TASSEL EARRINGS
2トーンタッセルピアス

A: 刺繍糸　DMC25番　色：3011…約2.1m×2
B: 刺繍糸　DMC25番　色：612…房用約2.1m×2　結び用約25cm×2
C: ピアス　U字　ゴールド…2個
D: Cカン　0.6×3×4mmゴールド…2個
E: 特小ビーズ　イエローゴールド…68個
F: MIYUKI　カラーワイヤー　#30ゴールド…約5cm×4本

・タッセルボード10cm（P78参照）　・クシ　・ハサミ
・紙の筒（束押さえ用）　・紙の筒4cm　・平ヤットコ　・ニッパー

How to

1
刺繍糸（結び用）の中心にCカンを通し結ぶ

2
タッセルボード10cmに色が混ざらないよう刺繍糸を各色10回ずつ巻く

3
1の糸を2〜3回結ぶ。結ぶ際にCカンが束の中心にくるように調整する
Point　1回目の結び目に水をつけると緩みにくい

4
両端の輪をカットする

5
クシや手で糸束を整える。糸束を折り曲げた際の境目を消すように糸を整えると仕上がりがキレイ

6
タッセルがぎりぎり通る太さの筒を被せる（直接紙を巻いてもOK）
Point　筒で束を固定することでキレイに仕上げやすい

7

ワイヤーに特小ビーズを17個通す

8

タッセルのネック部分にワイヤーを巻き、平ヤットコで隙間がなくなるまでねじる。ねじったワイヤーを1～2mmほど残し、余分なワイヤーをニッパーでカットする。飛び出しているワイヤーを、平ヤットコでタッセルの中に押し込み隠す。下段のネック部分も同様に作る

9

筒を外し、糸束を整える

10

筒4cmを被せ、余分な糸をカットする

11

ピアスにパーツを通しカンを閉じる

Arrange

- 刺繍糸　DMC25番　色：646…2.1m×2
- 刺繍糸　DMC25番　色：832…2.1m×2　結び用25cm×2
- イヤリング　ネジバネ玉ブラ　4mmゴールド…2個
- Cカン　0.6×3×4mmゴールド…2個
- 特小ビーズ　イエローゴールド…68個
- MIYUKI　カラーワイヤー　#30ゴールド…約5cm×4本

No.31
DIVIDED TASSEL EARRINGS
ディバイドタッセルピアス

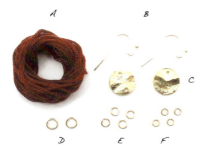

- A：刺繍糸　DMC25番　色：3777…房用約2m×2　くくり用約15cm×4
- B：ピアス　U字　ゴールド…2個
- C：メタルパーツ　変形コイン2つ穴　12mmゴールド…2個
- D：丸カン　0.8×5mmゴールド…2個
- E：丸カン　0.7×4mmゴールド…4個
- F：丸カン　0.7×3.5mmゴールド…4個

・台紙9cm　・ワイヤー（テグス）　・マスキングテープ
・平ヤットコ　・ハサミ　・クシ　・紙の筒3.5cm

How to

1 1本の刺しゅう糸は6本の糸がよられてできているので、くくり用刺繍糸の撚りをほぐし、1本ずつ引き抜いて細い糸を20本用意しておく

2 台紙9cmに房用糸を10回巻く

3 糸を台紙から外し、輪に針（ワイヤーを半分に折ったもの）を通し、カンを閉じた丸カン5mmを通す

4 両端の輪をカットし、片方の糸束をマスキングテープでまとめる

5 丸カンを平ヤットコで押さえ、糸束を指で引っ張り整える

6 1段目 /で用意した糸を7〜9周させ糸束をくくる（P80参照）

7

2段目 半分に分割している糸束それぞれに、糸を5〜6周させくくる

8 13本 13本 14本

3段目 刺繍糸の数→左：13本　中：14本　右：13本
刺繍糸を3分割し、中央の糸束は混ざらないようマスキングテープでまとめ、7同様にくくる。まとめていない両脇の糸束からくくると作りやすい

9 10本 10本 10本 10本

4段目 刺繍糸の数→各10本
刺繍糸を4分割し、糸束が混ざらないようマスキングテープでまとめる。7同様にくくる。まとめていない糸束からくくると作りやすい

10

クシで刺繍糸をほぐしボリュームを出す。やりすぎると糸がけば立ってしまうので注意

11

指で形状を整える

12

筒3.5cmを被せ、余分な糸をカットする

13

裾に丸みが出るように両端をさらにカットする。**注意** 中央の裾はカットしないように丸みをつける

14

メタルパーツに E丸カン4mmを連結する。メタルパーツとタッセル、ピアスは F丸カン3.5mmで連結する

Chapter 5　タッセルのアクセサリー　105

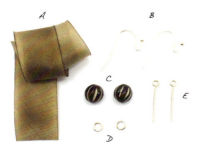

A：バイヤスシルクリボン 幅1.6cmゴールデンメープル…約16cm×2
B：ピアス U字 ゴールド…2個
C：アクリルビーズ 丸玉模様線入り
　　7mmブラックアンティークゴールド…2個
D：丸カン 0.7×4mmゴールド…2個
E：9ピン 0.7×15mmゴールド…2本

・定規　・ハサミ　・平ヤットコ　・丸ヤットコ　・ニッパー

How to

1. リボンを8cmの長さにカットする

2. アクリルビーズを9ピンに通し、先端を丸めてパーツを作る（P17参照）

3. 9ピンのカンを開き、1のリボン2枚を入れ、カンを閉じる

4. 図のように、それぞれのリボンを左右に分ける

5. 丸カンを開き、リボンの折り目部分に通す。丸カンは完全に閉じず、ギリギリ互い違いになる幅までカンを閉じる

6. 5の丸カンを互い違いになるように平ヤットコで閉じ、飛び出したカンをリボン側になじませる

7. リボンの長さをそろえる

8. ピアスにパーツを通し、カンを閉じる

No.33
BACK TASSEL
NON-HOLE EARRINGS
バックタッセルのノンホールピアス

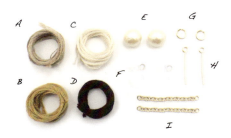

- A: 刺繍糸　DMC25番　色：841…約30cm×2
- B: 刺繍糸　DMC25番　色：3828…約30cm×2
- C: 刺繍糸　DMC25番　色：822…約30cm×2
- D: 刺繍糸　DMC25番　色：310…房用約30cm×2　くくり用約18cm×2
- E: コットンパール方穴　8mmキスカ…2個
- F: 樹脂ノンホールピアス　片側芯立丸皿　クリア…2個
- G: 丸カン　0.8×5mmゴールド…2個
- H: 9ピン　0.7×15mmゴールド…2本
- I: チェーン　幅2mmゴールド…約3cm

・接着剤　・タッセルボード7cm(P78参照)　・ハサミ　・クシ
・平ヤットコ　・丸ヤットコ　・ニッパー　・紙の筒2.5cm
・つまようじ　・クリップ

How to

1
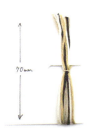
刺繍糸4色をまとめてタッセルボード7cmに2回巻く。糸束を丸カンでまとめ、両端の輪をカットする

2

くくり用刺繍糸を3周させ糸束をくくる(P80参照)。このとき、丸カンの繋ぎ目が糸の中に隠れないようにする

3

クシで糸束を整えたら筒2.5cmを被せ、余分な糸をカットする

4

9ピンを平ヤットコで図のように倒す。丸ヤットコでピン先を丸め、余分なピンをカットする

5
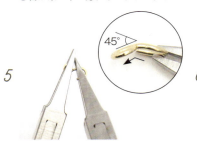
ヤットコで約45度折り曲げる

6

元々あった9ピンのカンが下になるようにピアスの玉の根元に通し、ヤットコで形を整えながらピンを閉める

7

9ピンのカンを開きチェーンを連結する。小さい丸カンで繋げてもOK

8

タッセルのカンを開きチェーンと連結する(P13参照)

9

ノンホールピアスの丸皿に接着剤を塗り、コットンパールを接着し乾燥させる

A：ピアス　U字　ゴールド…2個
B：円柱キャップ　8mm(内径)ゴールド…2個
C：コットンパール両穴　12mmキスカ…2個
D：9ピン　0.7×30mmゴールド…2本
E：丸小ビーズ　アイボリー…約6g
F：フジックス　シャッペスパンミシン糸　#30　色：108(何色でも可)…適量

・ワイヤー針(ビーズ通し針)　・目打ち　・瞬間接着剤
・ハサミ　・平ヤットコ　・丸ヤットコ　・ニッパー

How to

1 ワイヤー針に糸をセットし、ビーズを約8cm分通す。両側の糸を6〜8cm残しカットする

2 糸を2本まとめ、ビーズの根元で玉結びをする。このとき、ビーズがしなやかに動く程度の余裕を持たせて結ぶ

3 1〜2を繰り返し、同様のパーツを6セット作る

4 9ピンのカンを開いて、2で結んだ糸を6セット分通していく。すべて通したらカンを閉じる

5 糸束を半分に分け、2回結ぶ

6 5の結び目に瞬間接着剤を少し塗り、乾いたら余分な糸をカットする

7 9ピンにキャップ、コットンパールを通し、ピンを丸める(P17参照)

8 ピアス金具を取りつける

No.35
TORTOISESHELL & TASSEL
NON-HOLE EARRINGS
べっこうタッセルのノンホールピアス

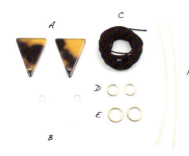

A：べっこうパーツ　三角　12×16mm…2個
B：ノンホールピアス　樹脂石座カン付き（丸皿でも可）　クリア…2個
C：オリムパスレース糸　金票40番　色：901（黒）…約1.9m×2
D：丸カン　0.8×5mmゴールド…2個
E：丸カン　0.8×6mmゴールド…2個
F：アーティスティックワイヤー　#24ノンターニッシュブラス…約5cm×2本

・接着剤　・つまようじ　・タッセルボード6cm（P78参照）
・ハサミ　・紙の筒2.5cm　・平ヤットコ　・ニッパー

How to

1 ノンホールピアスに接着剤を塗り、べっこうパーツに貼りつけ乾燥させる。
Point はみ出るくらい接着剤をつけたほうが頑丈に仕上がる

2 タッセルボード6cmに糸を15回巻き、丸カン5mmでまとめて両端の輪をカットする

3 ワイヤーを3周させ糸束をくくったら、余分なワイヤーをカットしなじませる（P84参照）

4 筒2.5cmを被せ、余分な糸をカットする

5 丸カン6mmでパーツを連結させる（P13参照）

Point

接着剤の代わりにUVレジンを使用してもいい。べっこうパーツにUVレジン液を垂らし、ノンホールピアスをセットして、5分ほどUVライトを照射する。接着剤より乾燥させる時間を短縮でき、仕上がりもキレイ。

Chapter 5　タッセルのアクセサリー

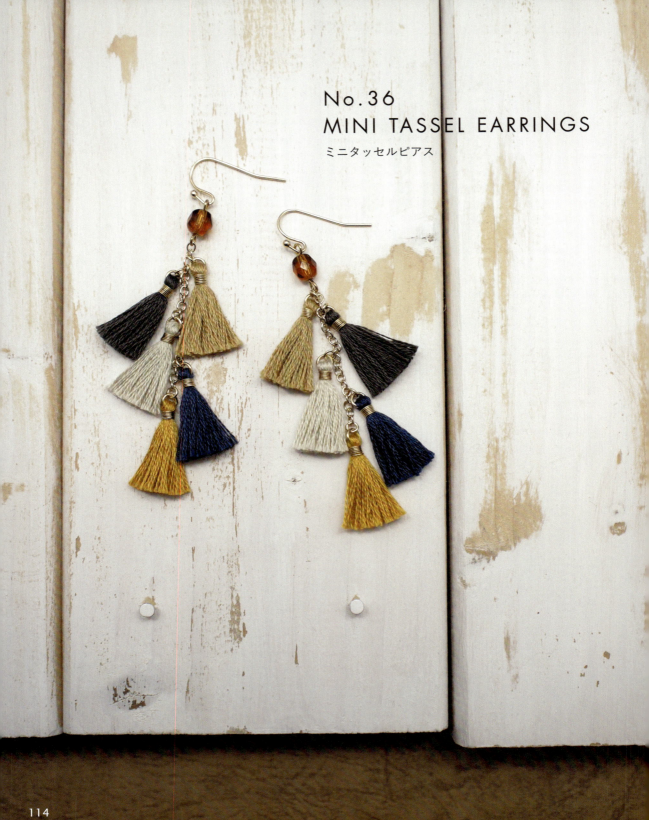

刺繍糸 DMC25番　A：色：644…約42㎝×2　　B：色：3852…約42㎝×2
　　　　　　　　C：色：3799…約42㎝×2　　D：色：3828…約42㎝×2
　　　　　　　　E：色：3750…約42㎝×2
F：ファイヤーポリッシュ　6mmミディアムトパーズ…2個
G：9ピン　0.7×15mmゴールド…2本
H：丸カン　0.6×3mmゴールド…10個
I：丸カン　0.7×4mmゴールド…10個
J：小判チェーン　線径0.6mmゴールド…約3.8㎝×2本
K：ピアス　U字　ゴールド…2個
L：アーティスティックワイヤー　#28ノンターニッシュブラス…約7㎝×10本

・台紙5㎝　・ワイヤー（テグス）　・ハサミ
・平ヤットコ　・クシ　・紙の筒2㎝

How to

1
9ピンにファイヤーポリッシュを通してピンを丸め、チェーンと連結させる（P17参照）

2
台紙5㎝に糸を4回巻く

3
糸を台紙から外し、輪に針（ワイヤーを半分に折ったもの）を通し、カンを閉じたI丸カン4mmを通す

4
両端の輪をカットし、ワイヤーを6～7周巻く（P84参照）

5
余分なワイヤーをカットしなじませたら、クシや手で糸束を整える

6
筒2㎝を被せ、余分な糸をカットする

7
2～6と同様に、ほかの色でもタッセルを作る

8
1のパーツにH丸カン3mmで下からバランスを見ながらタッセルを繋げる（P13参照）

9
ピアスにパーツを通し、カンを閉じる

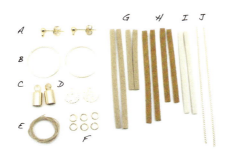

A：ピアス　カン付き　ゴールド…2個
B：フレームパーツ　丸　17mmゴールド…2個
C：カツラ　内径4mmゴールド…2個
D：スターダスト　ラウンド1穴　8mmゴールド…2個
E：糸　…くくり用約15cm×2
F：丸カン　0.7×4mmゴールド…6個
G：スエード革紐　幅3mmベージュ…約5.2cm×2、約3.2cm×2
H：スエード革紐　幅3mmキャメル…約4.8cm×2、約4cm×2
I：スエード革紐　幅3mmオフホワイト…約4.5cm
J：キヘイチェーン　線径0.35mm（135SRF）ゴールド…約6cm×2

・ハサミ　・瞬間接着剤　・ニッパー　・平ヤットコ

How to

1
スエード革紐、チェーンをカットする。図はピアス1個分の材料（サイズは材料参照）

2
1の材料を束ね、上部を糸でくくる（P80参照）

3
カツラの奥に瞬間接着剤を塗る。接着剤の量が多いと、タッセルを差し込んだときにあふれてしまうので注意

4
タッセルを奥まで深く差し込み、乾燥させる。正面にきてほしいタッセルの向きとカツラのカンの位置を確認する

5
パーツを丸カンで連結する（P13参照）

6
皮紐の先端を斜めにカットする

7
もう片方は左右対称になるように作る。2で革紐とチェーンをくくる際に、左右対称となっているか確認する

No.38
FRINGE HOOP EARRINGS
フリンジフープピアス

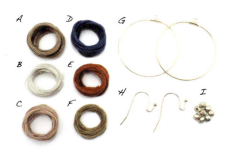

A：刺繍糸　DMC25番　色：3862…約50cm×2
B：刺繍糸　DMC25番　色：644…約50cm×2
C：刺繍糸　DMC25番　色：3064…約50cm×2
D：刺繍糸　DMC25番　色：3750…約50cm×2
E：刺繍糸　DMC25番　色：919…約50cm×2
F：フジックス　シャッペスパンミシン糸　#30　色：115…約3〜4m
G：ワイヤーフープ　ラウンド　約30mmゴールド…2個
H：ピアス　U字　ゴールド…2個
I：ファイヤーポリッシュ　3mmゴールド…8個

・瞬間接着剤　・定規　・ハサミ　・クシ　・平ヤットコ

How to

1

ワイヤーフープにファイヤーポリッシュを4個通す

2

ワイヤーの先端に瞬間接着剤を少量塗り、接続部に差し込み固定する

3

刺繍糸5色を束ね、5cmにカットする。これを片耳分10セットずつ、計20セット用意する

4

ファイヤーポリッシュを2個ずつ分け、ワイヤーフープに刺繍糸を2つ折りに通し、糸を4〜5周くくる（P80参照）

5

4の手順を繰り返し、タッセルを10束連ねる。束の位置を整える

6

クシで糸束を整える

7

フープから2cmほど糸を残し、少しずつカットする。一度でカーブをつけようとしないこと。指で糸先を押さえながらカットすると、ばらつきを整えやすい

8

ピアスにパーツを通し、カンを閉じる

Chapter 5　タッセルのアクセサリー

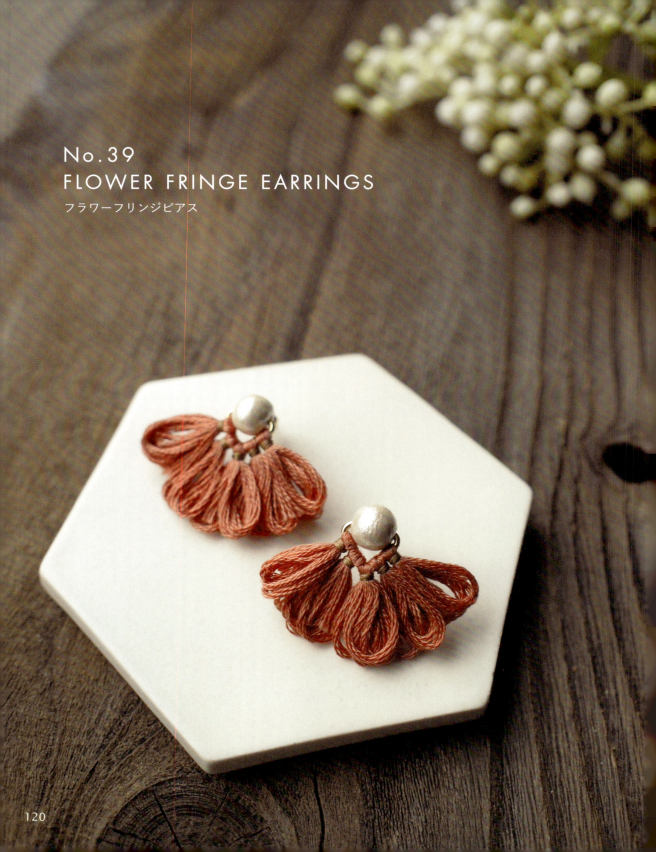

No.39
FLOWER FRINGE EARRINGS
フラワーフリンジピアス

A：コットンパール両穴　8mmキスカ…2個
B：三角カン　1.2×10×10mmゴールド…2個
C：ピアス　芯立　3mmゴールド…2個
D：刺繍糸　DMC25番　色：356…約1.3m×2
E：フジックス　シャッペスパンミシン糸　#30　色：115…約1m×2

・台紙4cm　・細いワイヤー（テグス）　・ハサミ　・平ヤットコ
・目打ち　・接着剤　・つまようじ

How to

1. 三角カンをヤットコでつかんで前後に倒し、さらにパール8mmが入る大きさまで開く

2. パールに差し込み、元の形状に戻るようヤットコで調整しながらカンを閉じる

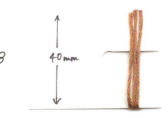

3. 台紙4cmに刺繍糸を3回巻き、台紙から外す

4. ワイヤーを刺繍糸の輪に通し、さらに2の三角カンに通し、ワイヤーを抜く

5. 刺繍糸を半分に折り、糸を5周させ糸束をくくる（P80参照）

6. 3〜5を繰り返し5個のタッセルを連ねる

7. 輪になっていない刺繍糸の端を、輪の部分より長くならないようにバランスを見てカットする

8. 元々あいていたコットンパールの穴と垂直になるように目打ちを刺し、ピアスの芯立が入る深さまで穴をあける

9. ピアスの芯立に接着剤を塗り、8の穴へ差し込み乾燥させる

No.40
ASYMMETRIC HOOP EARRINGS
アシンメトリーフープピアス

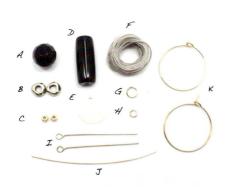

A：ファイヤーポリッシュ　10mmジェット…1個
B：メタルビーズ　6×2.4mm (091140-AG) アンティークゴールド…2個
C：丸大ビーズ　イエローゴールド…2個
D：アクリル　スティック型20×8mm…1個
E：スターダスト　ラウンド1穴　12mmゴールド…1個
F：オリムパスレース糸　金票40番　色：813…約1.9m
G：丸カン　0.8×5mmゴールド…1個
H：丸カン　0.7×3.5mmゴールド…1個
I：9ピン　0.7×30mmゴールド…2本
J：アーティスティックワイヤー　#24ノンターニッシュブラス…約5cm
K：ピアス　ワイヤーフープ　20mmゴールド…2個

・タッセルボード6cm (78頁参照)　・ハサミ　・紙の筒2.5cm
・平ヤットコ　・丸ヤットコ　・ニッパー

How to

1

9ピンにビーズを通し、図のようなパーツを作る (P17参照)

2

丸カン3.5mmでパーツを連結する (P13参照)

3
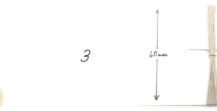
タッセルボード6cmに糸を15回巻き、丸カン5mmでまとめ両端の輪をカットする

4

ワイヤーを3周させ糸束をくくったら、余分なワイヤーをカットしなじませる (P84参照)

5

筒2.5cmを被せ、余分な糸をカットする

6

9ピンのカンを開き、タッセルを通し、カンを閉じる

7

ピアスにパーツを通す

No.41
SQUARE CABOCHON
TASSEL EARRINGS
スクエアカボションのタッセルイヤリング

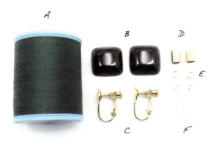

A: フジックス　シャッペスパンミシン糸　#60　色:64
　　…房用約15cm×2　結び用約30cm×2
B: アクリル　貼付スクエア　16×16mmブラック…2個
C: イヤリング　ネジバネ丸皿　8mmゴールド…2個
D: 円柱キャップ　4mm(内径)ゴールド…2個
E: 丸カン　0.7×4mmゴールド…2個
F: 9ピン　0.7×15mmゴールド…2本

・接着剤　・つまようじ　・タッセルボード8cm(P78参照)
・紙の筒3cm　・ハサミ　・平ヤットコ　・丸ヤットコ　・ニッパー

How to

1　イヤリング丸皿に接着剤を塗り、パーツに貼りつけて乾燥させる(P15参照)

2　タッセルボード8cmに糸を90回巻き、結び用糸で中心を2～3重巻きにしっかりと結ぶ。両端の輪をカットし、結んだ糸も一緒になじませる

3　結んだ糸に9ピンを通す

4　9ピンの輪を少しずらして平ヤットコで挟み小さく閉じる

5　9ピンにキャップを通し、糸束を奥までしっかりと差し込んでピンを倒す

6　ピンを7mmほど残してカットし、丸ヤットコでピンを丸める(P17参照)

7　キャップのすぐ下の房に筒3cmを被せ、余分な糸をカットする

8　丸カンでイヤリング金具とタッセルを連結させる(P13参照)

Chapter 5　タッセルのアクセサリー　125

No.42
FRINGE BACKCATCH BUTTON EARRINGS
フリンジバックキャッチのボタンピアス

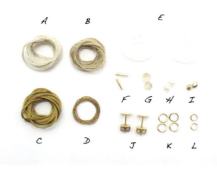

刺繍糸　DMC25番　**A**：色：613　**B**：色：612　**C**：色：832…各約33cm×4
D：フジックス　シャッペスパンミシン糸　#30　色：115…くくり用　適量
E：ボタン　4つ穴（2つ穴でも可）　20mmホワイト…2個
F：竹ビーズ　二分竹（6mm）金茶銀引…2個
G：ガラスビーズ　ラウンドカット　4mmライトゴールド…2個
H：淡水パール　ポテト　約4.5〜5mmホワイト…2個
I：ファイヤーポリッシュ　3mmゴールド…2個
J：ピアス　丸皿　6mmゴールド…2個
K：丸カン　0.8×5mmゴールド…4個
L：丸カン　0.7×4mmゴールド…2個

・セロテープ　・レジン液　・UVライト　・ピンセット　・接着剤
・タッセルボード5cm　・紙の筒2cm　・クシ　・ハサミ　・平ヤットコ

How to

1 【ボタンピアス】ボタン裏面にセロハンテープを貼り、ボタンの中心に少しぷっくりとするくらいレジン液を垂らす

2 ピンセットで図のようにパーツを配置する

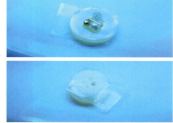

3 UVライトで2分ほど照射して、パーツを固定させる。裏面も同様に2分ほど照射する

4 左右対称にパーツを配置したボタンパーツをもう1つ作り、セロハンテープをはがす

5 ピアスの丸皿に接着剤を塗り、4のボタンパーツに貼りつける（P15参照）。乾燥中に金具がずれないよう注意する

6 【フリンジバックキャッチ】刺繍糸3色をまとめ、タッセルボード5cmに3回巻く。糸束を丸カン5mmでまとめ、両端の輪をカットする

7 くくり用糸を5周させ糸束をくくり、余分な糸をカットする（P80参照）

8 クシで糸束を整え、筒2cmを被せ余分な糸をカットする。同じものを4個作る

9 丸カン4mmでキャッチとタッセル2個を連結し、形を整える（P13参照）

Chapter 5　タッセルのアクセサリー　127

A：フジックス　キングスパンミシン糸　ジーンズステッチ　#8　色：971
　…房用約6.5m×5　くくり用約40cm×5
B：ナイロンコートワイヤー　0.38mmゴールド…約80cm
C：丸大ビーズ　アイボリー…約8g
D：ガラスビーズ　ボタンカット　6mmオペークグレー…8個
E：カニカン　12×6mmゴールド…1個
丸カン　F：0.7×4mmゴールド…2個　G：0.8×6mmゴールド…5個
H：ファイヤーポリッシュ　3mmゴールド…8個
I：ボールチップ　ゴールド…2個　J：つぶし玉　2mmゴールド…2個
K：曲パイプ　丸　5カン付　3×35mmゴールド…1個
L：アジャスター　ゴールド…1個

・タッセルボード10cm(P78参照)　・ハサミ　・平ヤットコ
・丸ヤットコ　・ニッパー　・紙の筒(押さえ用)　・紙の筒4cm

How to

1

タッセルボード10cmに房用糸を30回巻いて丸カン6mmでまとめ、両端の輪をカットする

2

タッセルがギリギリ通る太さの筒を被せる。このとき、丸カンの繋ぎ目が糸の中に隠れないようにする

3

くくり用糸を約15周させ、糸束をくくる(P83参照)。筒4cmを被せ、余分な糸をカットする

4

1〜3を繰り返し、同様のタッセルを5個作る

5

ボールチップとつぶし玉を通し、処理をする(P19参照)

6

丸大ビーズを約30cm分通す。折り返したワイヤーはビーズの中に隠す

7

ファイヤーポリッシュ4個、ガラスビーズ4個、曲パイプの順に通し、残りも左右対称にビーズを通す

8

ボールチップとつぶし玉を通し、ワイヤーを引き締めながらつぶし玉を潰す。ワイヤーを折り返してビーズ数個分戻し通し、余分なワイヤーをカットする

9

上図のようにF丸カン4mmでパーツを連結させる。5のそれぞれ5つのタッセルのカンを開き、曲パイプのカンと連結させたら完成

No.44
2TONE
SUEDE TASSEL
NECKLACE

2トーンスエードタッセルのネックレス

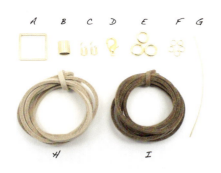

A：フレームパーツ　しかく16×16mmゴールド…1個
B：円柱キャップ　6mm（内径）ゴールド…1個
C：カシメ　3mmゴールド…2個
D：カニカン　12×6mmゴールド…1個
E：丸カン　1.4×8mmゴールド…3個
F：丸カン　0.7×4mmゴールド…5個
G：アーティスティックワイヤー　#22ノンターニッシュブラス…約6cm
H：スエード革紐　幅3mmベージュ
　　…ネックレス用約90cm×1　タッセル用約20cm×2
I：スエード革紐　幅3mmブラウン
　　…ネックレス用約90cm×1　タッセル用約20cm×2

・ハサミ　・定規　・平ヤットコ　・丸カン　・ニッパー

How to

1

スエード革紐（タッセル用）計4本を束ね、中心をワイヤーでまとめる。平ヤットコでワイヤーを押さえ3回ほどねじる

2

短いほうのワイヤーをカットし、円柱キャップを根元まで被せる

3

めがね留めをし、余分なワイヤーをカットする。飛び出したワイヤーをヤットコでなじませる（P22参照）

4

タッセルの長さを約8.5cmにそろえてカットする

5

E丸カン8mmでパーツを連結する

6

スエード革紐（ネックレス用）の両端を2色まとめてCカシメで留める。カシメは平ヤットコで片側ずつ閉める

7

5の丸カンを6に通す

8

F丸カン4mmで図のようにパーツを連結する

Chapter 5　タッセルのアクセサリー　131

- A：スエード革紐　幅3mmダークブラウン…約125cm
- B：小判チェーン　線径0.6mm (IR260R) ゴールド…約70cm
- C：ナイロンコートワイヤー　0.38mmゴールド…約40cm
- D：ファイヤーポリッシュ　8mmブラックダイヤ…24個
- E：メタルビーズ　3.3×2.8mm (091141-AG) アンティークゴールド…12個
- F：丸カン　1.4×10mmゴールド…1個
- G：メタルリングパーツ　ラウンド　22mmゴールド…1個
- H：丸カン　0.7×4mmゴールド…2個
- I：U字金具　4×5mmゴールド…2個
- J：つぶし玉　2mmゴールド…2個

・ハサミ　・定規　・平ヤットコ　・ニッパー

How to

1 革紐を25cm×5本にカット。5本まとめて二つ折りにし、メタルリングを通す

2 革紐の先端の束を革紐の輪に通す

3 革紐を引き締める。さらに1本ずつ革紐を引き締め、形を整える

4 革紐の長さを約9.5cmにそろえてカットする。メタルリングにF丸カン10mmを連結する

5 ナイロンコートワイヤーにつぶし玉とU字金具を通し、つぶし玉にワイヤーを戻す。平ヤットコでつぶし玉を潰す

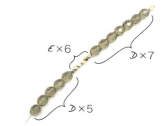

6 図のようにビーズを通す。5の短いワイヤーはファイヤーポリッシュに通し、中に隠す

7 4の丸カンを通し、残りのビーズも左右対称に通したら、5同様につぶし玉とU字金具を通し折り返す。折り返したワイヤーをビーズ2個分ほど戻し通す

8 ワイヤーを適度に引き締め、つぶし玉を潰し、余分なワイヤーをカットする

9 H丸カン4mmでU字金具とチェーンを連結する

No.46
LARIAT STYLE
NECKLACE
OF CHAIN
チェーンの
ラリエット風ネックレス

- A：フジックス　レジロンミシン糸　#50　色：28
  …房用約7.5m×2　くくり用約25cm×2
- B：ガラスビーズ　ボタンカット　4mmオパールホワイトゴールドシャイン…12個
- C：真鍮パーツ　2.5×2mmゴールド…6個
- D：カニカン　10×5mmゴールド…1個
- E：丸カン　0.8×5mmゴールド…1個
- F：Cカン　0.6×3×4mmゴールド…2個
- G：小判チェーン　線径0.6ゴールド…約118cm
- H：曲パイプ　3×20mmゴールド…1個
- I：直パイプ　2×20mmゴールド…1個
- J：9ピン　0.7×30mmゴールド…3本
- K：アーティスティックワイヤー　#26ノンターニッシュブラス…約5cm×2本

・台紙6cm　・平ヤットコ　・丸ヤットコ　・ニッパー　・紙の筒2.5cm
・タッセルボード10cm（P78参照）

How to

1

台紙6cmに房用糸を60回巻き、台紙から外す

2

糸束の中心をワイヤーでまとめ、平ヤットコで2〜3回ねじる。短いほうのワイヤーをカットする

3

真鍮ビーズを通してめがね留めをし、余分なワイヤーをカットする（P22参照）

4

糸の輪をカットする。くくり用糸を8〜10周させ、糸束をくくる（P80参照）

5

筒2.5cmを被せ、余分な糸をカットする。同様のタッセルをもう1つ作る

6

図のように、9ピンのパーツを作る（P17参照）

7

チェーンの中心に曲パイプを通す

8

チェーンの先端から約37cmのところにCカンと丸カン、もう片方の先端から約41cmにカニカンと丸カンを連結する（P13参照）

9

図のようにパーツを連結する
※チェーン41cmのほうに直パイプあり

No.47
SIMPLE LARIAT
シンプルラリエット

A：スエード革紐　幅3mmブラック…約130cm、タッセル用約40cm×2
B：円柱キャップ　5.4mm（内径）ゴールド…2個
C：メタルビーズ　6×2.4mm（091140-AG）アンティークゴールド…2個
D：糸（手縫い用）　黒…約25cm×2
E：丸カン　0.7×4mmゴールド…2個
F：9ピン　0.7×15mmゴールド…2個

・ハサミ　・定規　・平ヤットコ　・丸ヤットコ　・ニッパー　・目打ち

How to

1　スエード革紐（タッセル用）を10cm×4本にカットする。中心に糸を3〜4周巻き、しっかりと3回ほど結ぶ

2　余分な糸をカットし、結んだ糸に9ピンを通す

3　9ピンの輪を少しずらして、平ヤットコで挟み小さく閉じる

4　9ピンに円柱キャップを通し、ピンを丸める（P17参照）

5　約4cmの長さで、余分な革紐をカットする。同様のタッセルをもう1つ作る

6　革紐130cmの先端に目打ちで穴をあける

7　革紐にメタルビーズを通し、6であけた穴に丸カンを通す

8　5のタッセルと連結する。もう片方も6〜8同様に作る

Chapter 5　タッセルのアクセサリー　137

No.48
T-SHIRT YARN
KEYCHAIN
Tシャツヤーンのキーホルダー

A : Tシャツヤーン　カーキ…約1.8m
B : Tシャツヤーン　ブラック…約30cm
C : 糸（タコ糸など丈夫なもの）…約40cm
D : ナスカン　23×9㎜ゴールド…1個

・ハサミ　・定規　・平ヤットコ

How to

1
ヤーンを約30cmにカットし、中心にナスカンを通して図のように止め結びをする

2
ヤーンを約25cm×6本にカットする。1のナスカンをヤーンの中心にセットし一束にする。ナスカンがヤーンの中に隠れて見えない状態にする

3
1の結び目の真上を糸で3〜4重にしっかりと結び、余分な糸をカットする

4
ナスカン側のヤーンを下ろし、ナスカンを引っ張りながら形を整える

5
残りのヤーン約30cmを3周させて束をくくり、余分なヤーンをカットする（P80参照）

6
タッセルが約10cmの大きさになるよう、余分なヤーンをカットする

Arrange

チャームをつける場合は、手順5のときにくくり用ヤーンにチャームを通し一緒にくくるとワンポイントに。

No. 49
PIPE & TASSEL BRACELET
パイプタッセルブレスレット

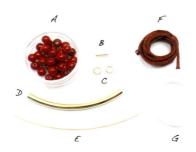

A：ガラスビーズ　ラウンド　4mmボルドー…30個
B：竹ビーズ　二分竹（6mm）金茶銀引…1個
C：丸カン　0.7×4mmゴールド…2個
D：メタルパーツ　丸パイプ　3×45mmゴールド…1個
E：アーティスティックワイヤー　#26ノンターニッシュブラス…約6cm
F：刺繍糸　DMC25番　色：3777…約62cm
G：スーパーアンタロン（繊維状ゴム）　白…約25cm

・接着剤　・タッセルボード6cm（P78参照）　・ハサミ　・クシ
・紙の筒2.5cm　・ワイヤー針（ビーズ通し針）　・テープ
・平ヤットコ　・ニッパー

How to

1.
タッセルボード6cmに刺繍糸を5回巻いて丸カンでまとめ、両端の輪をカットする

2.
ワイヤーを5周させて糸束をくくり、余分なワイヤーをカットしなじませる（P84参照）

3.
クシで糸束を整える。筒2.5cmを被せ、余分な糸をカットする

4.
タッセルのカンに丸カンを連結する

5.
ゴムの端にテープを貼る。もう片方にはワイヤー針をセットし、図のようにパーツを通す

6.
ゴムを結んで適度に引き締めたら、さらにもう2回結ぶ

7.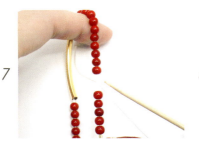
結び目に接着剤を塗る

8.
接着剤が乾く前にビーズをずらし、穴の中に結び目を隠す

9.
接着剤が乾いたら、余分なゴム少し引っ張りながらカットする

No.50
FIVE-STRAND
SUEDE BRACELET
5連スエードブレスレット

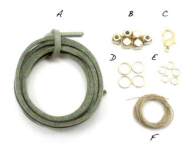

A：スエード革紐　幅3mmグリーン…ブレスレット用約80㎝　タッセル用約40㎝
B：メタルビーズ　4.2×4mm（091142-AG）アンティークゴールド…6個
C：カニカン　12×6mmゴールド…1個
D：丸カン　0.8×6mmゴールド…4個
E：丸カン　0.7×4mmゴールド…5個
F：フジックス　シャッペスパンミシン糸　#30　色：110…約60㎝

・台紙15㎝　・ハサミ　・定規　・平ヤットコ

How to

1

スエード革紐の中心にメタルビーズを通す。革紐の端を斜めにカットするとビーズを通しやすい

2

台紙15cmに革紐を2.5回巻く

3

両端の輪に D 丸カン6mmを連結する（P13参照）

4

糸を5～6周させ束をくくる（P80参照）。もう片方も同様にまとめてくくる

5

両端の余分な革紐をカットする

6

革紐を約10cm×4本にカットし、中心を丸カン6mmでまとめて半分に折る

7

糸を8～10周させ、4同様に束をくくる（P80参照）

8

タッセルを約4cmになるようにカットする

9

図のように丸カンを連結する（P13参照）

No.51
THREE-STRAND RUBBER BRACELET
3連ゴムブレスレット

A: コットンパール両穴　6mmキスカ…18個
B: チャーム　石留　スクエア　7×5mmゴールド…1個
C: 爪付きラインストーンダイヤモンドカット　6mmクリスタルゴールド…1個
D: 樹脂パール　ツユ　縦穴　6×10mmクリーム…1個
E: 竹ビーズ　二分竹（6mm）金茶銀引…4個
F: チェコ　ラウンド　4mmクリスタル…26個
G: 丸大ビーズ　アイボリー…49個
H: 丸大ビーズ　イエローゴールド…（①13個、②29個、③16個）計58個
I: ファイヤーポリッシュ　4mmゴールド…（②2個、③7個）計9個
J: ファイヤーポリッシュ　3mmクリスタルバレンチニット…16個
K: 丸カン　0.7×4mmゴールド…1個
L: Cカン　0.6×3×4mmゴールド…2個
M: オリムパスレース糸　金票40番　色：813…約1.6m
N: スーパーアンタロン（繊維状ゴム）　白…約25cm×3
O: Tピン　0.7×20mmゴールド…1本
P: アーティスティックワイヤー　#24ノンターニッシュブラス…約5cm

・接着剤　・タッセルボード5cm（P78参照）　・ハサミ
・紙の筒2cm　・ワイヤー針（ビーズ通し針）　・テープ
・平ヤットコ　・丸ヤットコ　・ニッパー　・つまようじ

How to

1
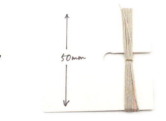
タッセルボード5cmに糸を15回巻き、丸カンでまとめ、両端の輪をカットする

2

ワイヤーを3周させて糸をくくり、余分なワイヤーをカットしてなじませる（P84参照）

3

筒2cmを被せ、余分な糸をカットする

4

図のようにパーツにCカンを連結する

5

Tピンにツユパールを通し、ピンを丸める（P17参照）

6

ゴムの端にテープを貼り、もう一方にワイヤー針をセットする

図のようにそれぞれパーツを通してゴムを結ぶ。適度に引き締め、さらにもう2回結ぶ

結び目に接着剤を塗る

接着剤が乾く前に丸大ビーズをずらし、穴の中に結び目を隠す

接着剤が乾いたら余分なゴムを少し引っ張りながらカットする

WONDERFUL
HANDMADE LIFE

Index

ピアス

- スワロフスキーと三角ピアス 12
- カボションとコットンパールのバックキャッチピアス 14
- コットンパールとシズクカットガラスのピアス 16
- グリーンフローライトのゆらゆらピアス 20
- フレームデザインピアス 24
- フレームデザインピアス（Arrange） 25
- スターダストピアス 26
- ウッドビーズのステートメントピアス 28
- コットンパールのプチプチピアス 30
- コネクションピアス 32
- ドロップノンホールピアス 34
- 2トーンリングピアス 36
- リングモチーフピアス 38
- スワロフスキーとチェーンタッセルのデザインピアス 40
- ジョイントピアス 46
- バブルピアス 48
- 扇のピアス 68
- デザインフープピアス 70
- スワロフスキーのビジューピアス 74
- カットガラスとパイプのタッセルピアス 88
- ロングヘッドのタッセルピアス 90
- 三角レザーのロングネックタッセルピアス 92
- さらさらタッセルピアス 94
- ビーズとミニタッセルのロングピアス 96
- GIMAタッセルピアス 98
- 2トーンタッセルピアス 102
- ディバイドタッセルピアス 104
- バイヤスシルクリボンのピアス 106
- ビーズタッセルピアス 110
- ミニタッセルピアス 114
- ミックスカラーのスエードピアス 116
- フリンジフープピアス 118
- フラワーフリンジピアス 120
- アシンメトリーフープピアス 122
- フリンジバックキャッチのボタンピアス 126

イヤリング

- スターダストピアス（Arrange） 27
- 扇のピアス（Arrange） 69
- デザインフープピアス（Arrange） 71
- トライアングルイヤリング 72
- 2トーンタッセルピアス（Arrange） 103
- スクエアカボションのタッセルイヤリング 124

ノンホールピアス

- バックタッセルのノンホールピアス 108
- べっこうタッセルのノンホールピアス 112

ネックレス

- コットンパールのグラデーションネックレス 18
- スクエアフレームネックレス 50
- ドロップネックレス 54
- チェーンのしなやかロングネックレス 56
- ポイントネックレス 58
- ボリュームネックレス 62
- フリンジネックレス 128
- 2トーンスエードタッセルのネックレス 130
- メタルリングのスエードネックレス 132
- チェーンのラリエット風ネックレス 134
- シンプルラリエット 136

ブレスレット

- スワロフスキーとフレームパーツのブレスレット 42
- 2トーンキャップブレスレット 44
- パイプタッセルブレスレット 140
- 5連スエードブレスレット 142
- 3連ゴムブレスレット 145

その他

- リボンタックピン 64
- リボンタックピン（Arrange） 65
- Tシャツヤーンのキーホルダー 138
- Tシャツヤーンのキーホルダー（Arrange） 139

SPECIAL THANKS

私と同じように、ハンドメイドが大好きなあなたへ。
この本を手に取ってくれたすべての人に感謝を込めて。

幼い頃から、小さなものを集めるのが大好きでした。
道端に転がっている石でさえ、キレイな形や色のものを見つけると拾わずにはいられない。
工作が大好きで、時間があれば何か作っている、そんな子どもでした。
初めて行った東京の手芸屋さんで、
たくさんのビーズが詰まった瓶を目にしたときの、あの感動は今でも忘れられません。

ほとんど独学でモノづくりをしていましたが、
ハンドメイドの本と出会ってからは、作品の幅がぐんと広がりました。
ただ当時は、今のようにインターネットで材料を買うことなんてできない時代。
まだ子どもだった私は、ほかに代用できるものがないか探すのも一苦労でした。
でもそんなときは「紙粘土でパーツを作ってしまえ！」と、安易な考えで挑戦するのです。
もちろん、できあがりはヘンテコなのですが……。
それでも、試行錯誤をしながらモノを作ることが、最高に楽しい時間でした。
そして、完成した作品を家族や友達にプレゼントするともらえる「ありがとう」が嬉しくて、
また次の作品を作るのです。

そんな私の経験から、
初めてのハンドメイドでも、わかりやすく。
もっとキレイで、もっと丈夫なアクセサリーがきちんとできあがるように。
この本がアイディアの泉となるように。
そしてオシャレが大好きな、おとな女子たちに楽しんでもらえるように。
……そんな想いがたくさん詰まった1冊が完成しました。

趣味が仕事になるなんて、当時は夢にも思っていませんでした。
私の作品に、お金を払ってまで欲しいと言ってくださるお客様。
BACCHUS.の作品が大好きと、応援してくれるファンの皆様。
私がハンドメイド作家として活動の場を広げられるよう、
支えてくれるChiako、ひとみさん、そして周りの大切な人たち。
そして、無名の私に声をかけてくれたソーテック社 小川さん。

様々な奇跡が連続して、今もこうしてアクセサリーを作ることができる毎日に、
「ありがとう」という言葉では足りないほどの感謝を贈ります。

BACCHUS. Aika

素材提供	ディー・エム・シー株式会社
	東京都千代田区神田紺屋町13番地 山東ビル7F　TEL：03-5296-7831

撮影・スタイリング	南 愛香
スタイリング	Chiako
ヘアメイクスタイリスト	中島 ひとみ
モデル	高橋 喜代美
	田島 えり
	加賀谷 若菜
撮影協力	佐久間 みちよ
	五堂 真由美
	井村 恵理加
	Manabu

bacchus.saleshop
https://bacchus.saleshop.jp
minne：https://minne.com/@bacchus-acce
Instagram：@bacchus.saleshop
Facebook：@bacchus.saleshop.jp

本書に掲載されている作品は個人的な利用範囲でお楽しみください。

おとなかわいい
コットンパールとタッセルでつくる ハンドメイドアクセサリー

2017年9月30日 初版 第1刷発行

著者	Aika
装幀	スズキフサコ
発行人	柳澤淳一
編集人	福田清峰
発行所	株式会社ソーテック社
	〒102-0072　東京都千代田区飯田橋4-9-5　スギタビル4F
	電話（注文専用）03-3262-5320　FAX03-3262-5326
印刷所	大日本印刷株式会社

©2017 Aika, Printed in Japan
ISBN978-4-8007-3007-7

本書の一部または全部について個人で使用する以外、著作権上株式会社ソーテック社および著作権者の承諾を得ずに無断で複写・複製することは禁じられています。
本書に対する質問は電話では一切受け付けておりません。内容の誤り、内容についての質問がございましたら、切手を貼った返信用封筒を同封の上、弊社までご送付ください。
乱丁・落丁本はお取り替え致します。
本書の制作にあたっては、正確な記述に努めていますが、内容に誤りや不正確な記述がある場合も、著者および当社は一切責任を負いません。

本書のご感想・ご意見・ご指摘は
http://www.sotechsha.co.jp/dokusha/
にて受け付けております。Webサイトではご質問は一切受け付けておりません。